草生栽培で生かす

ブドウの 早仕立て

梢栽培

小川孝郎 著

農文協

まえがき

日本のブドウ栽培は、雨の多い気候を反映して棚による栽培が行なわれている。日照が少ない条件で、光線利用率の高い棚栽培は日本の風土にあった、最も優れた栽培方法である。そして、樹勢の弱いキャンベルを主体にブドウ栽培が始まった地域が短梢栽培、樹勢の強い甲州を主体にした地域が長梢栽培と、大きく二つの整枝せん定方法によって栽培技術が確立され産業として発展してきた。

しかし、現在のブドウ産地は、高齢化・兼業化や品種ニーズの変化、輸入自由化、農薬や化学肥料の多用による環境問題など、新たな課題に直面している。熟練の専業農家に加え、高齢者や女性、さらに新規就農者の高品質果実の安定多収への要望に応えるとともに安全で環境にやさしい、新しいブドウ栽培技術の開発と振興が早急に求められている。果樹担当の普及員であった私は、一九八〇年ころから本格的にこうした課題に応える技術の開発を目標に検討を重ねてきた。そうして組み立てたのが、本書で紹介する「新短梢栽培」である。

新短梢栽培は、ブドウの生理と物質生産理論をもとに、野菜担当時代に実践したアールスメロンの栽培理論も取り入れながら、草生栽培も含めた総合的な栽培法として体系化したものである。この技術は、棚面に平行誘引した新梢を一〜一・二メートルのところで一律摘心し、一結果枝に一果房を成らせることに大きな特徴がある。これは、新梢長を本葉一二〜一三枚までに早期に制限することによって、果実へ効率的に養分転流させることを目的にしており、本葉二〇枚に限定し一本の親づるに一果実を成らせる、アールスメロンの立づくりの考え方を取り入れたものである。

この栽培法が広がっていくなかで、①房づくりやジベレリン処理、摘粒、袋掛けなどの作業が目の前ででき て疲れにくい、②新梢が棚下に垂れ下がっていないのでＳＳや乗用草刈り機が園内を自由に動き回れる、③樹勢の状態が一目瞭然で整枝せん定など作業の判断に熟練を要しない、④同化養分が果房へ効率的に転流されるので大玉で高品質果実を多収できる、⑤草生栽培によって、中庸から弱い樹勢を維持できるとともに施肥量が少なくてすむ、⑥樹形が単純なので少量で効果的に農薬散布ができる、⑦二年目から成らせ四年目で成園化するので早期に収量が得られ、品種更新もしやすい、など新短梢栽培の利点が実感されている。

私自身も今までに二〇品種ほどで試みてきたが、種なし栽培や、種あり欧州種や醸造専用種などほとんどの品種の栽培ができるので、専業経営から高齢者や婦人主体の経営、観光農業や直販まで、これからの栽培法の一つとして活かせるものと確信している。まだまだ試行錯誤を繰り返しているのが現状であるが、全国の方々に試みていただき、交流するなかでより確立された栽培法をめざすとともに、広く定着していくことを願うものである。

発行にあたり、貴重な資料を提供してくださった東山梨普及センターの先輩諸氏、実際に取り組まれながらご教示いただいた県内の実際家諸氏、山形南果連の尾形氏、新規就農者として取り組まれてきた大分県の山下氏、ご高齢ながらお若い大阪府の目加田氏、何度となく山梨まで足を運んでいただいた元韓国葡萄協会会長・金聖淳先生ら多くの方々に深く感謝申し上げる。最後に、単行本として発行の機会をくださった農文協に厚くお礼申し上げる。

二〇〇一年二月

小川　孝郎

● 目　次 ●

第4章　草生栽培の実際

第5章　品種更新と苗つくり

第6章 新短梢栽培での防除

〈付 録〉

写真で見る　ブドウの新短梢栽培

収穫直前の1房500gのピオーネ
1〜1.2mの結果枝1本に1房。1房500g，10a当たり3,600房で収量は1,800kgになる

ズラリと一列に並んだ果房と明るい園内
結果枝の平行誘引と摘心で園内が明るく，果実も一列に並び作業がしやすい。草生で細根を増やし，中庸からやや弱い樹勢で栽培する

●簡単でわかりやすい樹形とせん定(一文字型整枝)

完成した樹形（3年生）とせん定
3年で樹形が完成する。結果枝を1〜2芽でせん定して結果母枝として使う

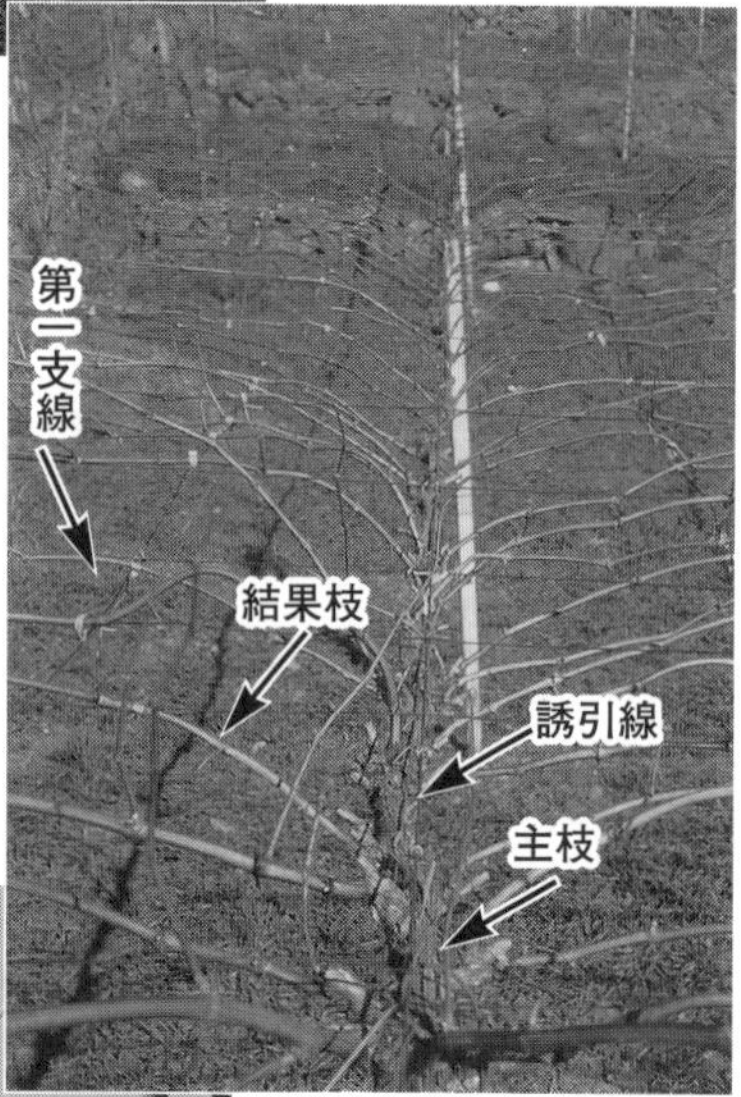

棚上からみた枝の配置（5年生）
主枝の左右にほぼ等間隔で結果枝が伸びている，単純明解な枝の配置

せん定後，萌芽直前の樹形（5年生）

●結果枝のせん定

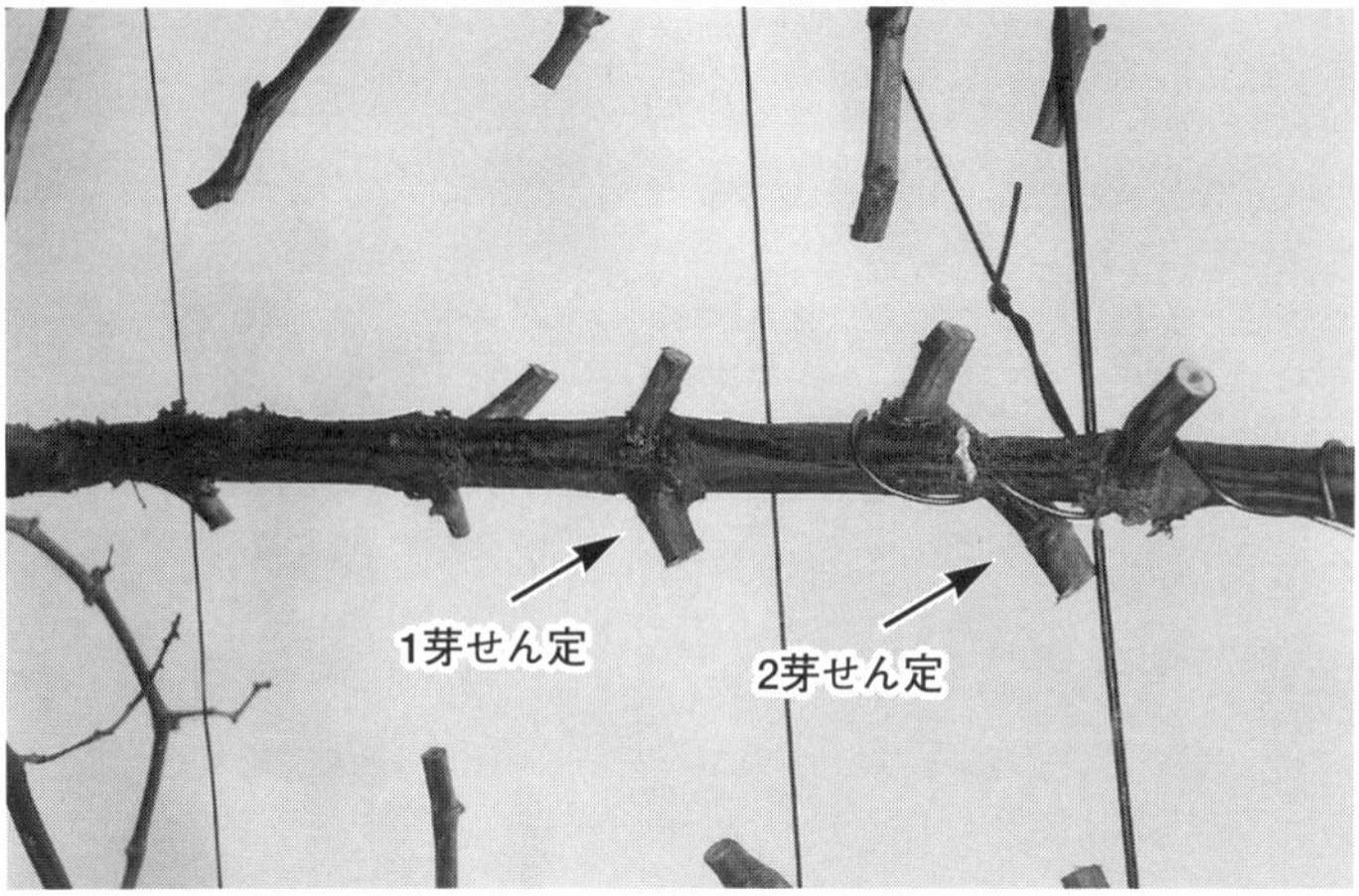

結果枝は1～2芽でせん定
結果枝は1～2芽残してせん定して翌年の結果母枝にする

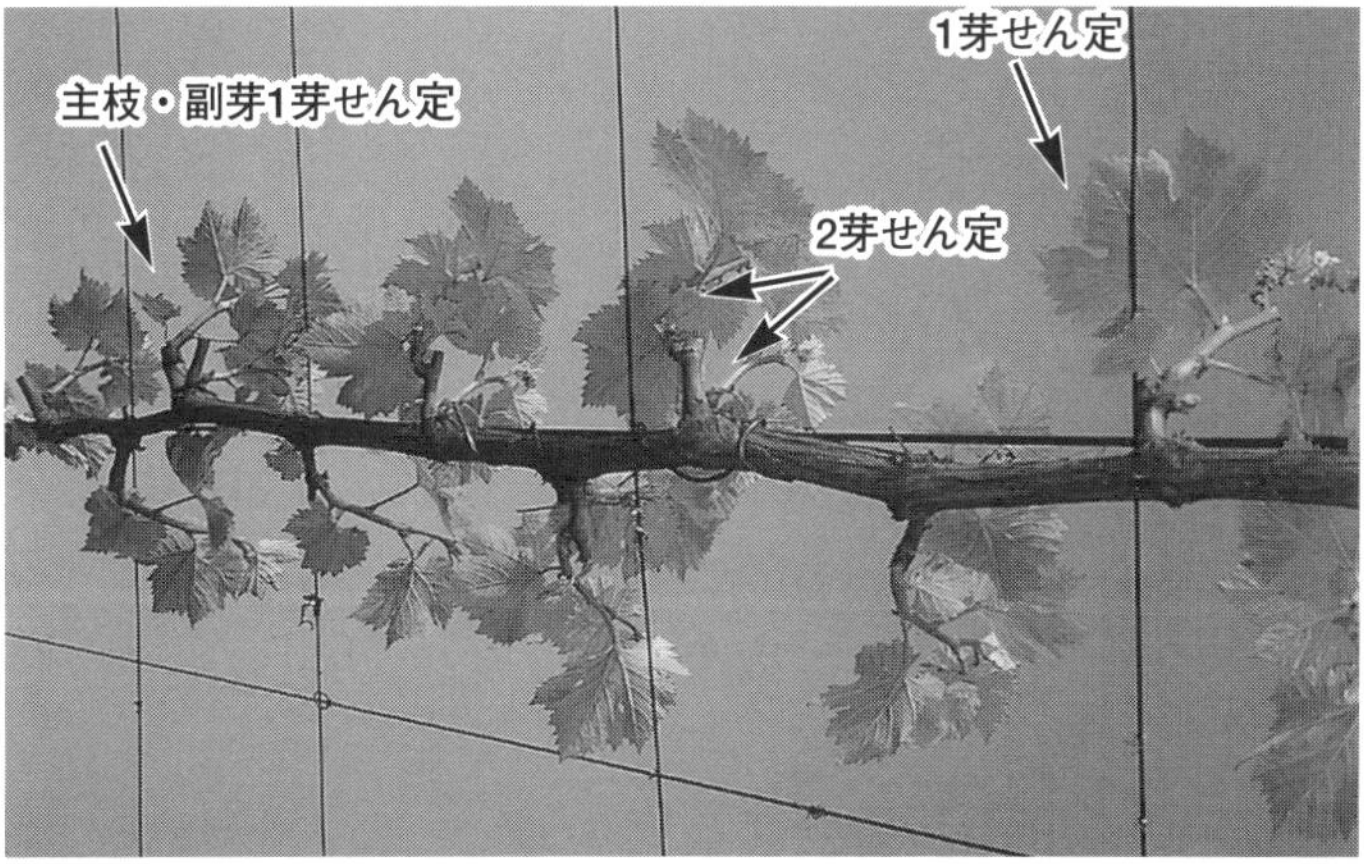

結果母枝からの萌芽の様子
節間が長かったり，欠損部がある場合は，2芽残して新梢（結果枝）数を確保する

5年生以上の側枝と結果枝のせん定例
年数がたつと結果枝が側枝化するが，適宜更新して常に若々しく保つ。枯死した場合は近くの結果枝でおぎなう

●新梢は左右に等間隔で平行誘引

誘引前の新梢
新梢の巻きづるがからまりはじめる前後が誘引適期

誘引後の新梢
本葉7～8枚展葉時に，新梢を主枝より20cm上の第1支線へ，等間隔（約20cm）に誘引する

●一律に1～1.2mで摘心

誘引した新梢（結果枝）が第2支線を越えたら（1回目ジベレリン処理前後），1～1.2mで一律摘心する（上：鋏による摘心）

●副梢の摘心

結果枝(新梢)の一律摘心後に伸びてくる強い副梢は摘心する

結果枝先端の副梢の摘心
中庸な副梢（左）は摘心し，弱い副梢（右）はそのままか先端部をつまむ程度に

結果枝の途中に出る副梢の摘心
3〜4葉を残して摘心し，棚の明るさと果実肥大に必要な光合成を確保する

●樹勢が強い場合の一律摘心の工夫

樹勢が強い場合は2回目ジベレリン処理前後まで摘心をおくらせると，樹勢と副梢の発生が抑制され結果枝（新梢）の管理がしやすくなる

摘心前
結果枝が第2支線を越え反対側の第1支線まで伸びている

摘心後
交差している枝を1〜1.2mで一律摘心

●植付け1年目の主枝のつくり方(一文字型整枝)

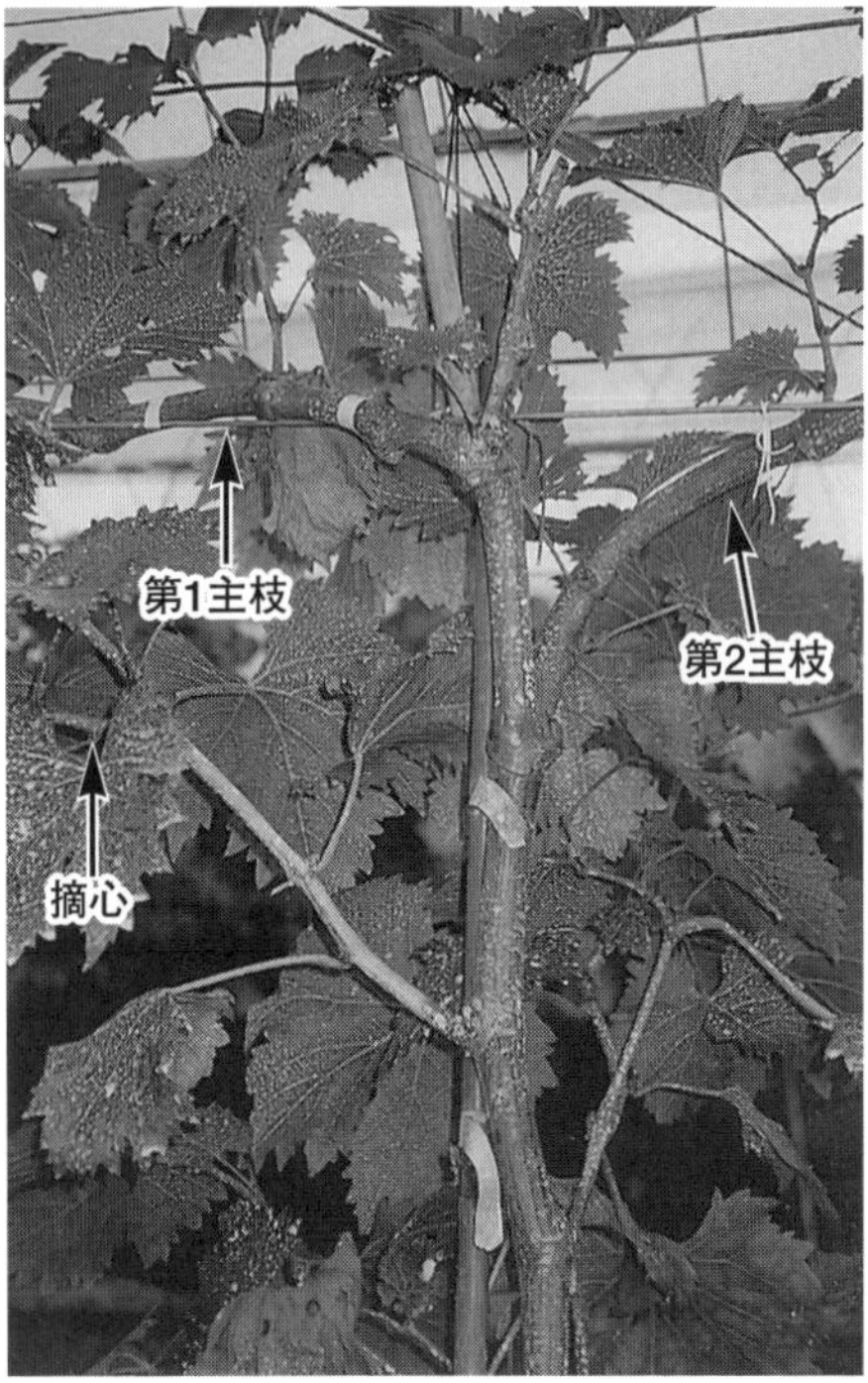

旺盛な生育をしている主枝分岐部
副梢を主枝に仕立てるため，第1・第2主枝の強さがそろう。主枝以外の副梢は2～3葉で摘心する

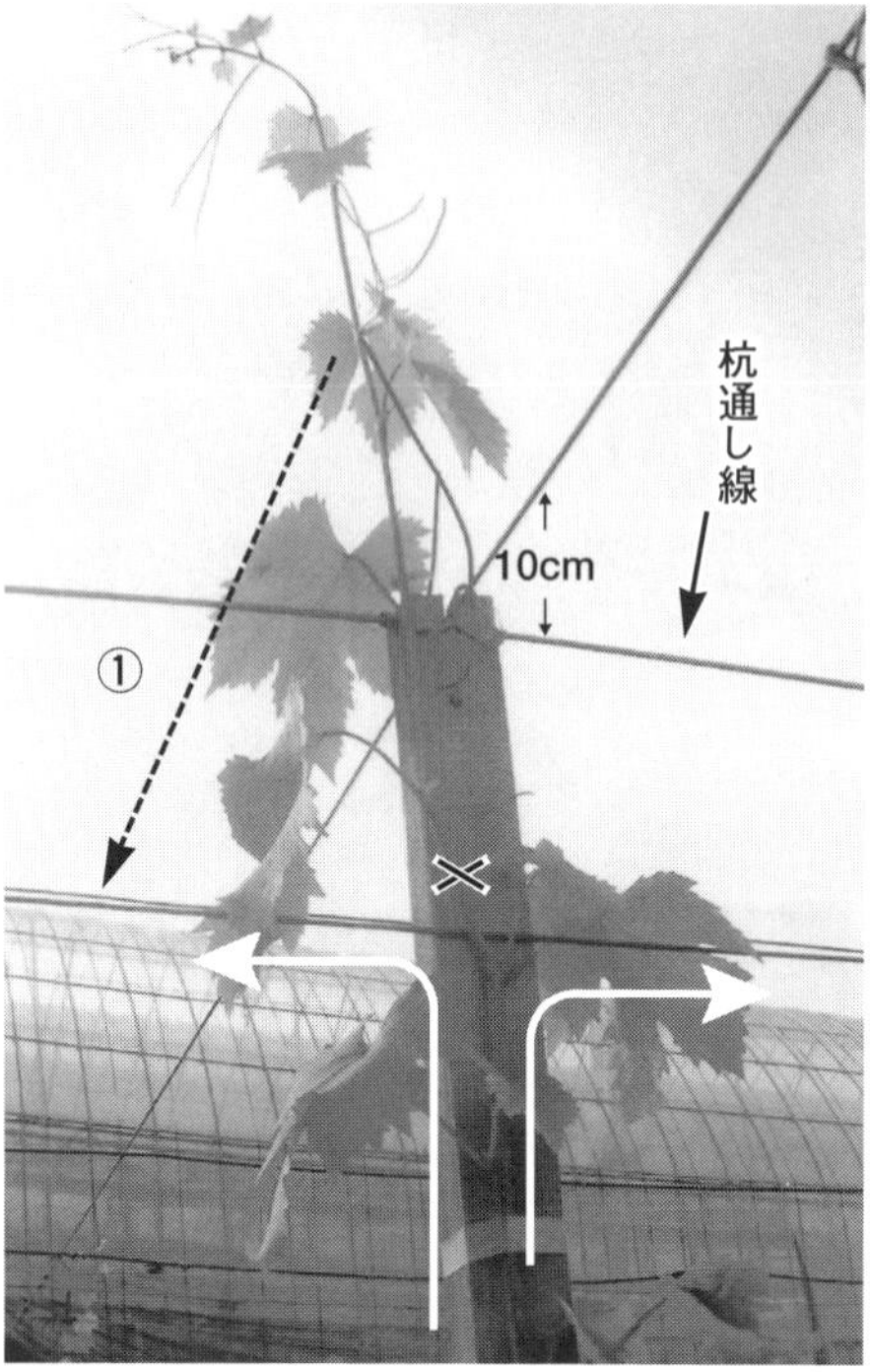

主枝は副梢からつくる
一文字整枝では，主幹から出た新梢は杭通し線より10cm伸びたころに摘心し（×），新梢から伸びる副梢を実線矢印のように誘引して主枝に仕立てる。この写真はオールバック仕立ての例で摘心せずに伸びた新梢を点線の矢印のように誘引して主枝に仕立てる

誘引線に沿って主枝を左右にまっすぐに伸ばす

●1年目の冬の樹形とせん定

せん定前

主枝から伸びた副梢は，1～2芽でせん定して結果母枝として使う（2年目から収穫）

せん定後

順調に育てば主枝の枝元から約3mまでの間に結果母枝を確保できる

2年目の萌芽期（ピオーネ）

矢印の先端は主枝の延長枝として伸ばす。結果母枝からの新梢には結実させる

●新短梢栽培は作業が目の高さでできる

棚面を身長プラス10cmの高さにし，主枝をその20cm下に誘引しているので，作業は目の高さでできる

摘房作業
太陽を背にすれば顔も焼けないので，覆面ルックは必要なし

袋かけ

せん定作業
2～3回に分けて徐々に切ると，効率的にせん定できる

●乗用草刈り機なら草生管理も楽にできる

第1章

初心者からベテラン農家までピッタリの新短梢栽培

1 高齢化・兼業化とブドウ栽培の課題

(1) 変わるブドウ栽培の担い手

果実の宝石といわれるブドウは、品種の数も多く、形状も味もバラエティー豊かで、生産者・消費者ともに大変魅力のある果実であるが、栽培農家の高齢化・兼業化とともに、反当たり生産量が少なく、熟練した技術や労力を要するわりに、単価はのびず、栽培面積は年々減少してきているのが現状である。また、消費の傾向が種ありから種なしや多様な品種へと移り、しかも環境にやさしい栽培で育てられた安全なブドウを買いやすい値段でとの要求が強くなる一方であるが、従来の長梢栽培や短梢栽培では、こうした課題に応えられなくなってきている。

さらに、ブドウ専業農家が年々減少するとともに、農家の多くが兼業化、高齢化し、女性の担い手も増えてきている。栽培技術のレベルも千差万別で、栽培農家の経営内容も多様化しており、ベテラン農家とX型長梢栽培をつくりこなせない農家との収益格差が年々大きくなってきている。こうしたなかで、栽培技術がむずかしくなく、誰にでもできて、管理作業が楽で、品質がよく、しかも生産が安定しており早期生産がはかれる栽培方式が求められている。

(2) 求められる上向き作業の軽減と短期成園化

長梢栽培は、作業管理のほとんどが顔を上げ、腕を肩の位置から上に上げてする上向き作業のため、首の神経を圧迫して首が疲れ、それが肩、背中の痛みや手足のしびれなど全身に影響して、疲れやすい。こうしたブドウの品質を左右する房づくり、ジベレリン処理、摘粒、袋掛けなどの上向き作業に、婦人や高齢者が長時間にわたってたずさわっているのが現状である。

また、間伐や枝ふりなどの作業を繰り返し、成園までに年数もかかるため、労力的にも経済的にも生産者の負担が大きい。

(3) 熟練が必要なせん定よりわかりやすいせん定を

図1—1のようにX型長梢せん定では、各主枝の占める割合を一定に維持し、さらには主枝内での亜主枝、側枝、結果枝のバランスを保つことで、樹勢の乱れがなく、安定した生産が上げられることになる。このバランスを維持するには、枝の割合とともに、休眠枝や新梢の誘引の仕方、各主枝ごとの着

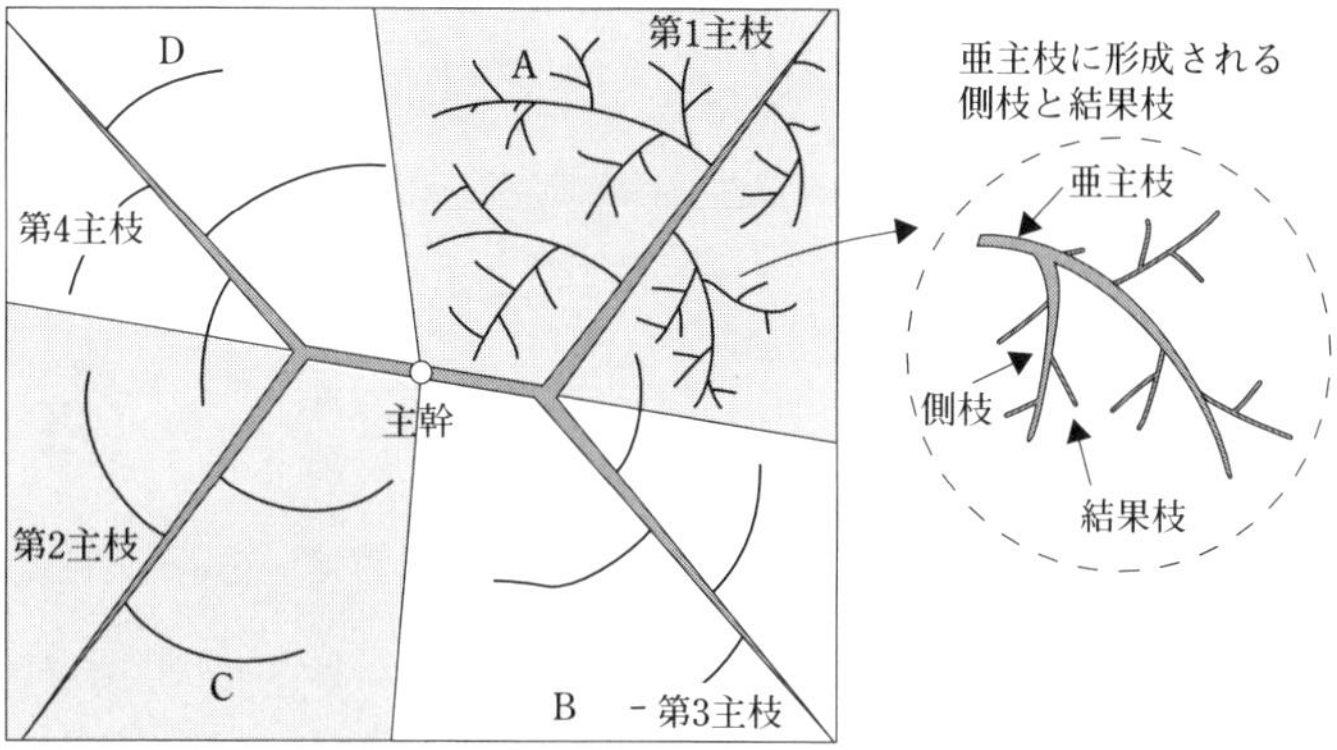

A 第1主枝　36　　C 第2主枝　24
B 第3主枝　24　　D 第4主枝　16
ＡＢ：ＣＤ＝９：４

図1－1　X型長梢せん定での各主枝の占める面積の基本（土屋）

果量の調節など、年間の管理作業を通して調整しなければならない。そのため、技術と経験が必要となる。また、せん定作業のなかで、追出し枝、負枝、返し枝、切返し枝などを場面場面で活用しなければならず、せん定作業も複雑である。

これに対して短梢せん定では、枝の種類が少ないうえに成木になっても主枝上の短い側枝から出ている結果母枝を一～二年でせん定するだけですみ、X型長梢せん定のように枝ごとのバランスを考える必要がない。

(4) 作業が単純で雇用しやすい栽培システムに

雇用の条件の多くが、経験のある女性と経験のない定年退職者である。しかし、経験のある女性の多くは高齢化がすすんでいるため、顔と腕を上げての作業は大変で、年々少なくなっている。また、定年退職者は、せん定や新梢管理、摘房など経験と技術を持ちあわせないとまかせられない作業が多く、研修や実習が必要となる。

したがって、現在の技術ではせっかくある雇用の条件も活かせない。こうした、女性や高齢の初心者でも作業できる技術や栽培システムが雇用の面からも求められている。

2 短梢栽培の欠点を改善した新短梢栽培

(1) 従来の短梢栽培でも応えられない

従来の短梢栽培は樹形が単純で作業などしやすいという長所がある一方で、①H型やWH型が主流だが、主枝の本数が多く、主枝の取り方やバランスの取り方がむずかしい、②樹形づくりから始まり、生産を上げるのに年数がかかる、③新梢（結果枝）の垂れ下がりで、作業管理がしにくい、④消毒作業にSSを使えず重労働である、⑤新梢の誘引がむずかしく、欠損をつくりやすい、⑥樹冠が大きく、樹体維持をはかるのに肥培管理が大変である、などの欠点がある。

こうした、従来の短梢栽培の欠点を改善したのが、本書で紹介している新短梢栽培である。

(2) 樹勢調節は土壌管理と早期結実で

従来の短梢栽培では、最初に樹形（樹体）をつくりしかも樹冠が大きいので、樹体を維持するには栄養生長型の樹勢を維持する必要があり、どうしても施肥量は多くなってしまう。また、清耕栽培のため、土づくりをしっかり行なわないと樹体への影響がただちに現われやすく、樹勢のコントロールがむずかしい。

これに対して新短梢栽培では、植付け二年で収穫を始め、四年で成園化することにより、貯蔵養分の蓄積器官である主枝を太らせないことで、樹勢を抑え、中庸から弱の新梢数を多く発生させて、生育当初から生殖生長型の樹勢管理を行なう。さらに、細根や毛根が多く発生する土壌であれば、乾湿の影響をあまり受けることなく、養分をバランスよく安定して吸収し地上部に供給できるため、新梢の伸長もおだやかである。これに対して、ゴボウ根が多く、土壌中の水分が多いと窒素の吸収が主となり、栄養生長型で新梢は徒長し、光合成能力の低い、大きくて薄い葉になる。

(3) 新梢の欠損防止と作業性の改善は誘引線の設置で

新短梢栽培では、棚面から下二〇センチの位置に主枝の誘引線を張ることで、新梢の誘引角度が広くなり、欠損はほとんどおきず、誘引作業も簡単に誰にでもできて能率が上がる。また、房づくり、摘粒などの作業も目の前の作業となるため、疲れにくく作業も効率よくできる（図1—2）。

・新短梢方式は作業姿勢が楽で，雇用も入れやすい

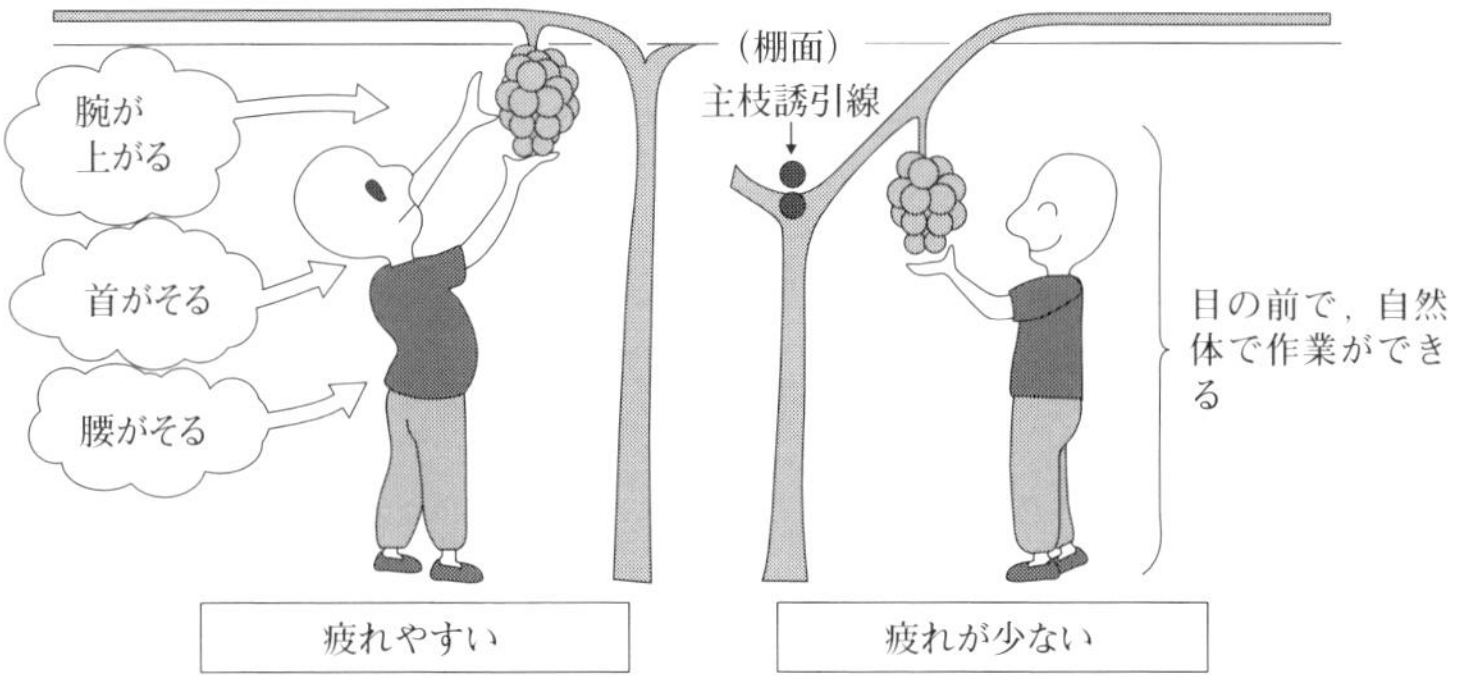

・新短梢方式では新梢の誘引が楽にできる

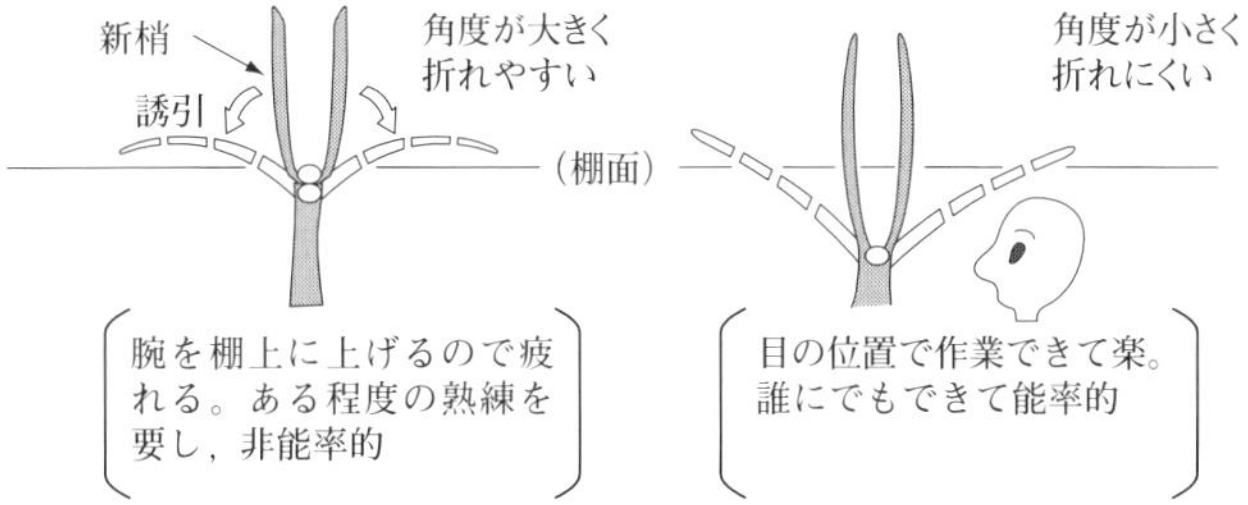

・防除に，収穫に機械が使える

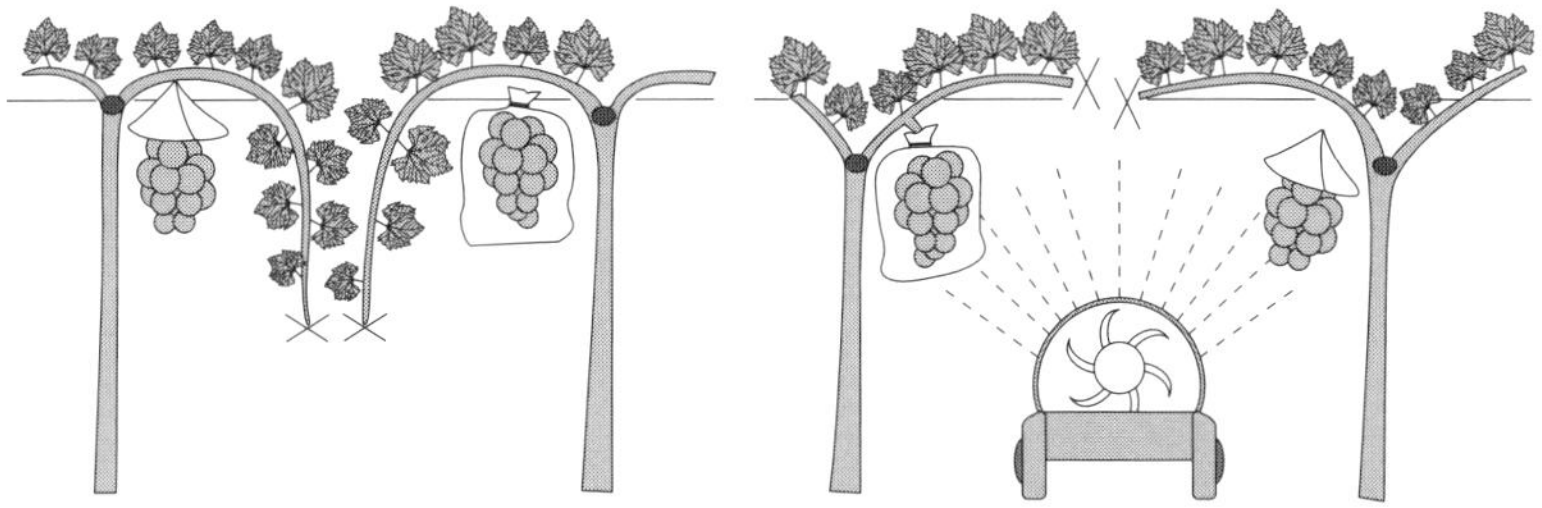

図1—2　新短梢栽培の効果

主枝誘引線の設置と新梢一律カットによって，管理作業の能率アップ

(4) 新梢は水平誘引で一律摘心

新梢（結果枝）を棚面（第二支線）で摘心することで、新梢を一律にそろえられ、作業も機械的で単純に行なえる。また棚下に垂れ下がった枝（調整枝）がなくなり、ＳＳや乗用草刈り機などの機械作業が年間通して行なえ、機械の操作も楽に行なえる（図１—２）。

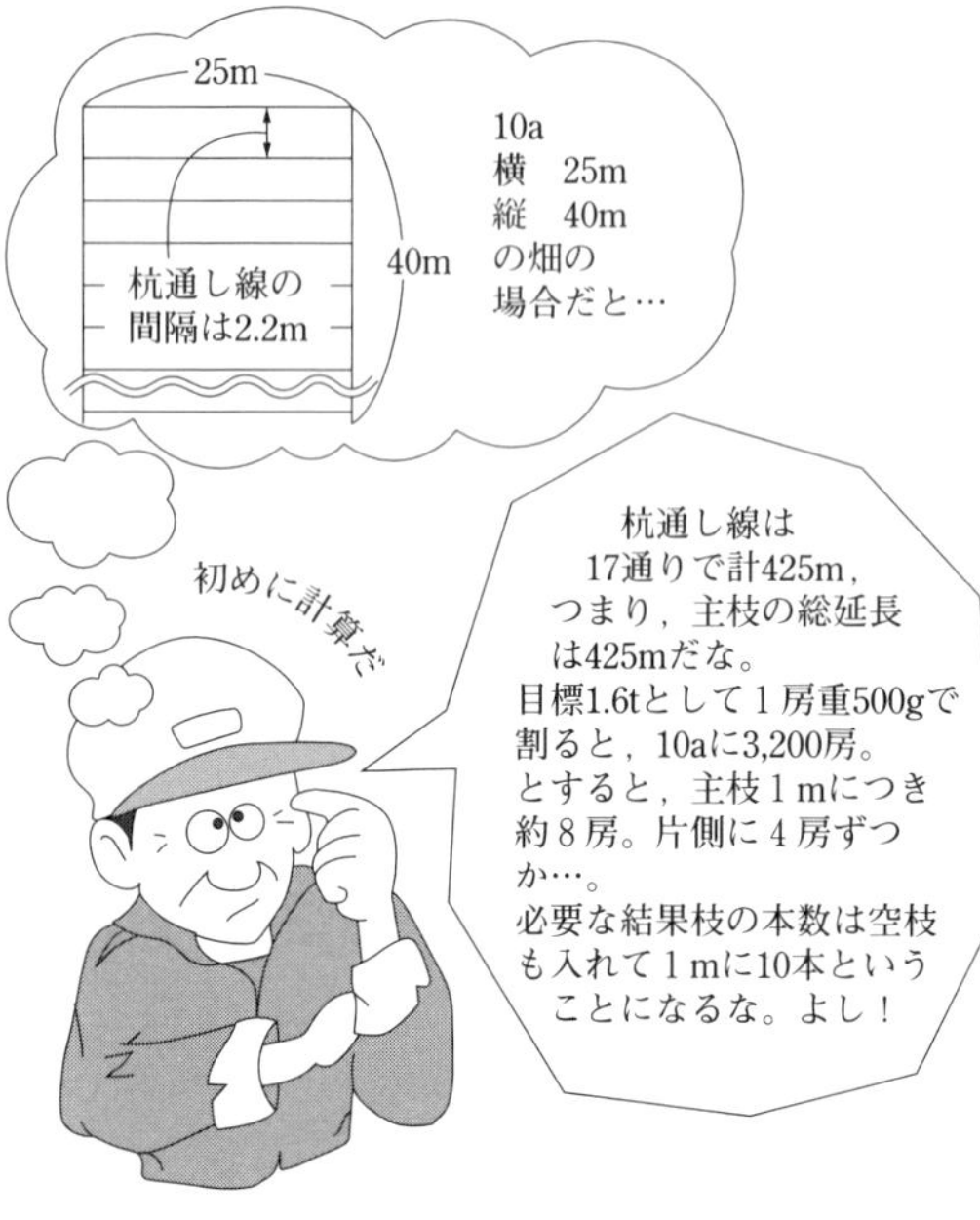
25m
40m
杭通し線の
間隔は2.2m
10a
横　25m
縦　40m
の畑の
場合だと…
初めに計算だ
杭通し線は
17通りで計425m，
つまり，主枝の総延長
は425mだな。
目標1.6tとして１房重500gで
割ると，10aに3,200房。
とすると，主枝１mにつき
約８房。片側に４房ずつ
か…。
必要な結果枝の本数は空枝
も入れて１mに10本という
ことになるな。よし！

図1―3　収量目標はメートル単位で決まる

10a当たり主枝長，１樹当たり主枝長が決まっているので，房重と着房数から収量を簡単に割り出せる。また，摘房作業も簡単にできる

(5) 効率的な光合成と養分転流で高品質・安定生産

新短梢栽培では、新梢を一律に摘心し、平行誘引する。それによって新梢の強弱の差が小さくなり、葉の大きさも新梢による差が少なくなるため、結果枝ごとの光合成能力も同じになる。また、結果枝の葉と副梢葉の構成が立体的であるため光線利用率も高くなる。摘心により葉の成葉化がすすみ、生育ステージの早い時点から花房に養分の転流が盛んに行なわれるため、房揃いもよい。また、生育期後半の副梢葉からの養分転流で、果実の糖度・着色もいっせいに上がり（糖度一八度以上）、高品質・安定生産がはかれる。

3 新短梢栽培で新しいブドウづくりを

(1) 二年目から収穫を始め四年で盛果期に

①密植と結実優先の樹づくりで早期多収を実現

一〇アール当たり二〇本から三三本植えで、一樹当たりの生産量を少なくして負担を軽くし、植付け二年目から結実させて、四年目で成園、一〇アール当たり収量一六〇〇キロを達成させる（図1—3・4）。

早期多収をはかるためには二年目から生産を始め、生殖生長タイプの樹相にもっていき、早く成園化させることである。そのために密植により一樹当たりの主枝長が短くなるので、密植して各樹の主枝を目標の位置に到達させるのである。

②計画的な密植で間伐はしない

圃場の形状に合わせて一文字型整枝をベースに各樹形を組み合わせた設計図を描いて植栽する、計画的な密植のため、植付け本数がそのまま成園本数となるので、間伐や枝ふりなどの作業がない（図2—1）。初心者や女性、高齢者が行なうには、計画的に密植することで植付け本数が成園本数になるので楽にブドウづくりができる。

従来の計画密植の考え方は、最終本数一〇本に対して三〇本を植え付けて、棚面がふさがってきたら、年数をかけて三〇→二〇→一〇本と間伐し樹冠を広げる。そのため成園化までに年数がかかることと、間伐をいつ、どの時期に、どの程度行なえばよいか判断がむずかしい（時期が遅れると、残す樹に問題を生じ、成園化

図1—4　1房重500g（10aの収量1,600kg）のピオーネ（種なし）の着房状況（8月21日）
10a当たり3,200房，33本植えなら1樹当たり97房となる

がますます遅れる）。間伐によって地上部と地下部のバランスが変わるので、その後の樹体維持をはかるための対策など技術的課題も多い。また、間伐することで生産量、収入が減少してしまうため適期に間伐できない農家が多い。さらに間伐する時点までに残す樹と間伐する樹との差が生じて計画どおり予定の本数が残せない場合がしばしば生じる、などの問題もある。

(2) 四倍体から欧州系品種まで栽培できる

萌芽不良や房持ちの悪いロザリオ・ビアンコやバラデーなど、一部の品種でつくりづらいものもある。しかし、生殖生長型の樹勢管理に努めて、中庸から弱の新梢管理をし、結果過多をなくして、二芽せん定、芽傷処理、フラスターの使用などにより、ほとんどの品種の栽培が可能である。

なお、二芽せん定のねらいは、①一芽より二芽のほうが房持ちしやすい（二芽になると結果母枝が長くなるので問題）②萌芽する新梢の数が多くなり房持ちの有無を芽かき（新梢整理）で調整できて、必要房数の確保ができる、などである。また、芽傷処理は萌芽率をよくして、新梢数を確保する。フラスターは、有核栽培で樹勢が強い場合に花振るいを防ぐなどのねらいで利用し、生産安定をはかることができる。

(3) 土づくりは草の根が行なう

最近のブドウ園の土は、ＳＳなど重量機械や除草剤の使用により、土壌構造が悪化し、図1―5、6のように大雨が降ると湛水する園が目だってきている。ブドウ園に計画的に草を育てて、年間草生栽培すると、草の根の活動（深耕・新陳代謝）により、浸水性、排水性、保水性の土壌物理性の改善とあわせて、土壌中に多種類の微生物や小動物が繁殖し、これらの活躍で化学性のバランスまで保たれるようになり、土壌の緩衝能力が土層深くまで高まる。そのため、ライムギや雑草を育てて、回数多く刈り取ることで、人が機械を使って土づくりをする以上の効果が園全体に平均に行なわれるのである。

(4) わかりやすく失敗の少ない作業で能率も上がる

樹勢の強弱が明確で調整しやすい新梢（結果枝）を平行誘引して第二支線を越えたところで一律に摘心するため、開花前後の新梢の強弱は第二支線への到達程度で、以下のように判断できる。

○**強い新梢**：ほとんどの新梢が第二支

線を越え新梢先端がつの字に曲がり、巻きひげが先端よりも先に出ている。副梢の発生も多く強い。

○**中庸な新梢**：新梢長は一〇〇センチ前後で第二支線に誘引されている枝が八割。先端がやや止まりぎみで巻きひげも弱く、先端と同じくらいで、強く伸びる副梢は少ない。

○**弱い新梢**：新梢長は七〇センチ以下で先端はつまって止まり、巻きひげも細く弱い。副梢の発生している枝が少ない。

このようにすべての新梢と各樹の強弱がわかりやすいので、樹勢に応じた新梢や副梢の摘心整理などの管理作業がやりやすい。

結果枝せん定が一律で迷いがない

結果枝のせん定は、一〜二芽残してせん定するため、単純でわかりやすく、初心者にできる。したがって、経験のない人でも雇用することができて、作業の能率も上がる。

誘引角度が小さく、主枝候補枝が折れにくい　主枝誘引線の設置で、新梢発生部と棚面（第一支線）との角度が小さくなり、誰でも失敗の不安がなく容易に誘引できて、能率が上がる。

図1―5　大雨で園内全体が湛水している

水田転作の清耕栽培園で最近多く見られる

図1―6　草をつくることでブドウの新梢管理が楽になる

ライムギと白クローバーの混播

1回目の刈取り前（4月）。機械刈りで株元が刈れないことと，コウモリガ対策のため株元への播種が少なくなっている

房の位置が目の高さで疲れにくい　摘房から房づくり、ジベレリン処理、摘粒、袋掛け、収穫まで、ブドウ栽培の重要作業が目の高さで楽にできるため、疲労度が低く、作業がしやすい。

摘房の目安がメートル単位で割り出させる　摘房や着果量の収量調整の目安がメートル単位で割りだせるので、樹体ごとに樹勢に応じた着果量の調整ができ、摘房作業が容易で誰にでもできる。

草刈り機、ＳＳが園内に入り、作業が軽量・短時間化　下に垂れ下がる調整枝がなく、支柱が二間ごとに設置されているため、生育中に乗用草刈り機、ＳＳなどの作業機が自由自在に園内を動くことができ、作業の軽量化、短時間化が実現できる。

ブドウ園内の草刈り作業は、支柱が多く、棚があるので、ほかの果樹園に比べて、作業がしにくい。さらに、刈払い機や歩行用モアでは時間がかかると同時に作業もきつく、刈り取る時期が集中するため、面積が広いと大変である。乗用草刈り機なら運転も簡単で、女性にもでき、作業も楽で、短時間に終わる（一〇アール三〇分くらい）ため、圃場の立地や面積を苦にすることがない。

(5)　農薬が減り散布もラクに

棚面の枝数が少なく、しかも直線であるため、粗皮削りの作業が容易で病害虫の密度を下げられる。休眠期防除や生育初期（第一支線への誘引時期）の防除は、棚全面の散布はせずに、被害部分の散布ですみ、また生育がすすむに従い新梢の伸びに応じた散布になるため、農薬散布量を減らすことができ、しかも生育に応じた適切な散布ができる。また、棚下に新梢が下がっていないので、ＳＳで棚下からの散布もできる。

(6)　早期更新で品種転換もやりやすい

①一〇年更新でラクラク作業と安定生産を継続

樹命は二〇年以上あるが、年数が経過すると、①非生産器官である主枝が太り粗皮削りや休眠期防除に時間がかかる、②座芽が多くなり芽かき作業が多くなる、③欠損部が出たり、房の不揃いなどで作業に手間がかかるようになる。それを防ぐため、一〇年を目安に更新する。更新は、植替えや高接ぎによる方法と主枝の切返しによる方法とがあるが、前二者は二年目から、後者はその年から収穫できる。切返し更新は、主枝を分岐部まで切り返す前年に新しい主枝候補枝を伸ばしておくため、切り返したその年から生産が上げられるのである。更新によって上記の作業が楽になるとともに、生産をほとんど下げることなく（園を休ませることなく）、樹体の若返りをはかることができる。

②品種ニーズにも柔軟に対応できる

一樹の面積が三〇～五〇平方メートルと小さく、短期に成園化できるので、消費変化や経済性を考えた品種対応も簡単にできる。採算に合わなくなった品種は、緑枝接ぎによる一挙更新をすることで、一年でほかの品種に転換し安定した生産を上げることができる。生産を休むことなく品種更新ができるのである。しかも、更新前の一〇年生と接ぎ木更新した一年生の樹冠面積が変わらないので、地上部と地下部のバランス（T／R率）がとれるため、房の不揃いなどの生理的問題はおこらない。

図1－7　緑枝接ぎによる主枝の更新（グロアールにリザマートを接ぎ木）（写真　赤松富仁）
5月に緑枝接ぎして，翌年から主枝として使える

③自家生産苗によりいつでも品種転換

優良系統苗をそろえるには、自家苗生産が有利である。ウイルスフリー台木を挿し木して（牛乳パックなども利用できる）育苗し、二年目に優良穂木を緑枝接ぎか休眠枝接ぎ（チップパット方式）で接ぎ木して鉢植えすれば、その年の九月から翌年にかけて定植できる。二年生苗木の植栽によって、同一優良系統への品種転換が生育中でもできる。

(7) 従来の棚はそのまま活かせる

誘引線を設置することで、強風や大

雪にも強くなり、今まで一間ごとに立てていた支柱は二間ごとでよく、棚下での機械作業が楽になる。

また、既存の平棚やレインカット棚、リンゴのトレリス棚を一部改良して使用できるため、これらを利用すれば施設投資が少なくてすみ経済的である。

第2章

新短梢栽培での樹のとらえ方と技術の特徴

1 新短梢栽培での樹形と技術の特徴

(1) 新短梢栽培が目標とする樹形とは

二年目から生産を始める結実優先型の樹形を前提としているため、一番簡単でわかりやすく、早くから生産を上げられる一文字型整枝を基本型としている。しかし、樹形にはあまりこだわらず、一樹の大きさ（主枝の総延長をほぼ同じにする）と圃場条件に合わせて、図2―1のようにオールバック整枝や一本仕立て整枝などさまざまな樹形を組み合わせて活用する。

(2) 一メートルの新梢（結果枝）一本で一房のブドウを育てる

ブドウは、葉からの光合成物質の転流の仕方は、図2―2のように生育ステージによって異なる。とくに結実期以降は、基部から三分の二の長さについている葉（本葉一〇～一二枚）が果実への同化物質供給の主役であり、それより先三分の一の部分の葉は生長部へ転流する。また、果実への分配率は、新梢長が長いほど、伸びている期間が長いほど、古い葉ほど低くなる。

新短梢栽培では、この

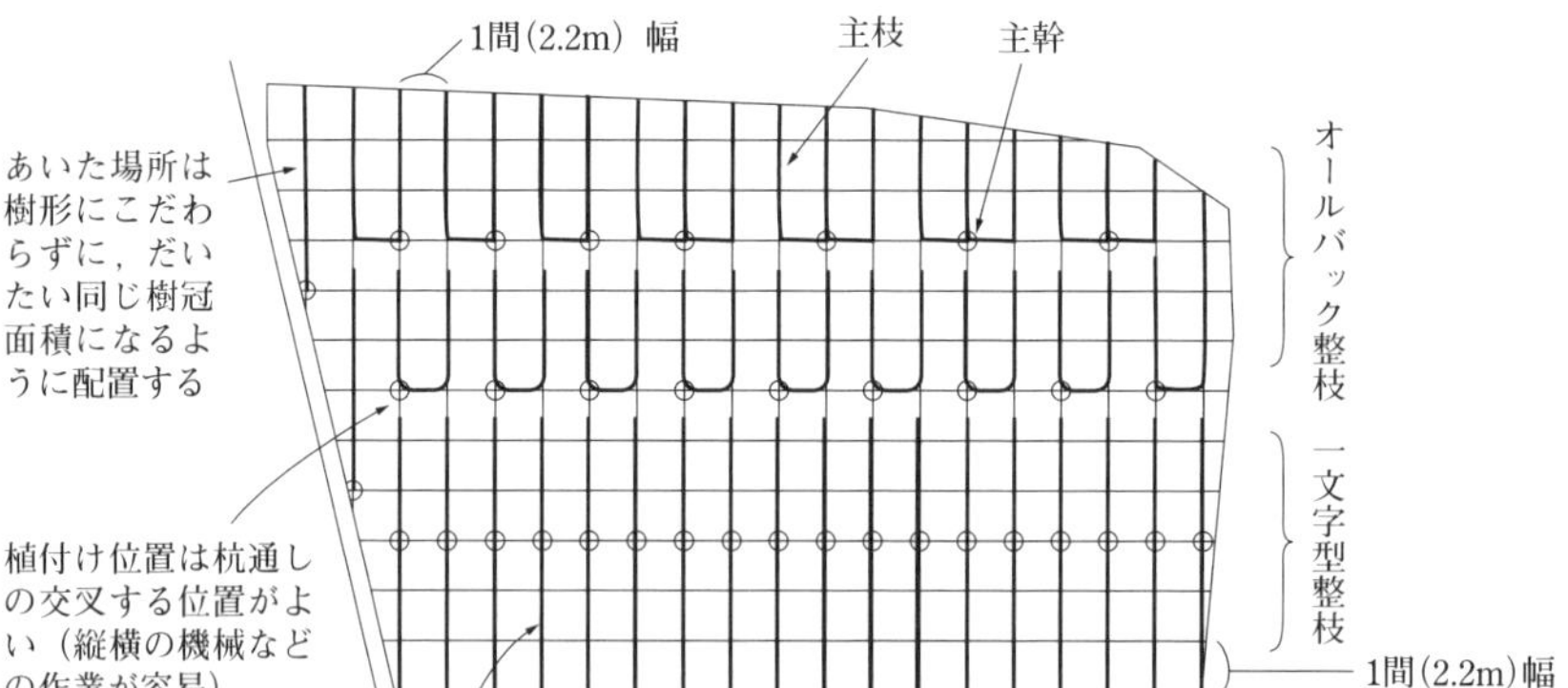
主枝の配置は南北，東西どちらでもよい。この場合は作業性を考慮して道路から入りやすくした
道路

図2―1　栽植計画図（主枝間隔2.2m）

1樹当たり$30m^2$の樹冠を目安にオールバックと一文字型整枝を組み合わせて配置してある（10a当たり34本）。オールバック整枝と一文字型整枝について詳しくは図3―3（3章49ページ）を参照。

点に注目してすべての結果枝を約一メートル、一〇～一二葉で摘心する。それにより生長部が抑えられ、本葉で生産された同化物質は早くから花房に転流して、着粒とその後の肥大を良好にする。

また、摘心によって発生する副梢は、小さくて厚く光合成能力も高く成熟期の養分生産の重要な葉となるので、本葉と立体化した受光態勢を構成する。そのため、一メートルしかない結果枝でも同化能力が高く、果実への転流割合も高い枝になる。

そして、ベレーゾン期（果実の水揚げのことで果実の軟化期をいう＝着色始め前）から成熟期にかけて、同化物質の果房への転流を最高に促して、高品質で安定した生産をはかることができる（図2―3）。

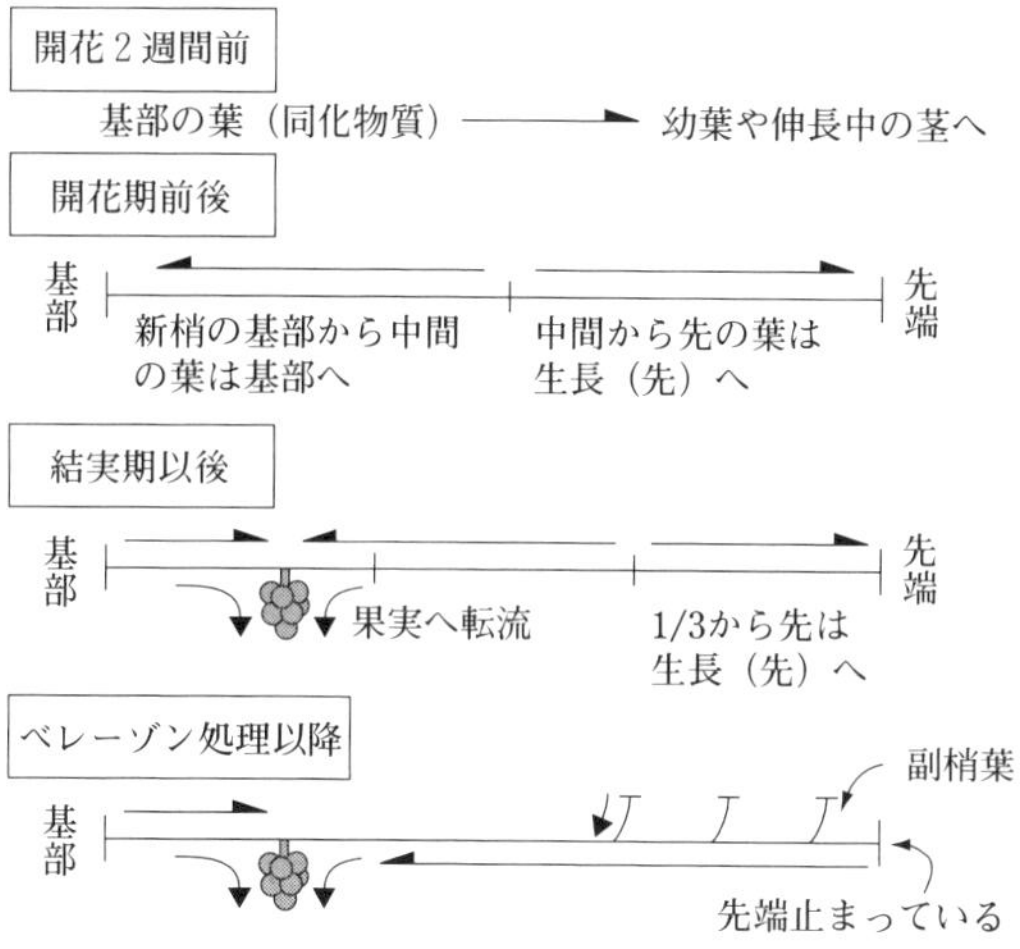

図2―2　生育ステージによって異なる，結果枝の光合成産物の転流の仕方（Haleらを加工）

(3) 一樹当たりの樹冠面積をほぼ同じにする

新短梢栽培での、一樹当たりの樹冠面積は、醸造用専用種＜米国種＜欧州種（一〇アール当たり五〇本＜三三本＜二三～二〇本）の順に広くするが、一樹当たりの最大樹冠面積は、一樹の生産負担率を考慮して、五〇平方メートルとしている。

私は、味のよいブドウは肥料でなく、土の力でつくると考えており、そのためには、樹冠を小さくし一樹当たりの生産負担も小さくすることが必要なのである。

樹冠面積の大きさは、地力や労力、品種、圃場条件などで調整はするが、圃場の形状に各整枝法（図3―5）を組み合わせて、各樹の樹冠面積がほぼ同じになるように、植付け前に図面に書いて計画的に密植する（図2―1）。

樹冠面積を各樹でそろえることは、地上部と地下部のバランスを園全体でそろえることになる。その結果、樹勢のコントロールや施肥などの管理作業

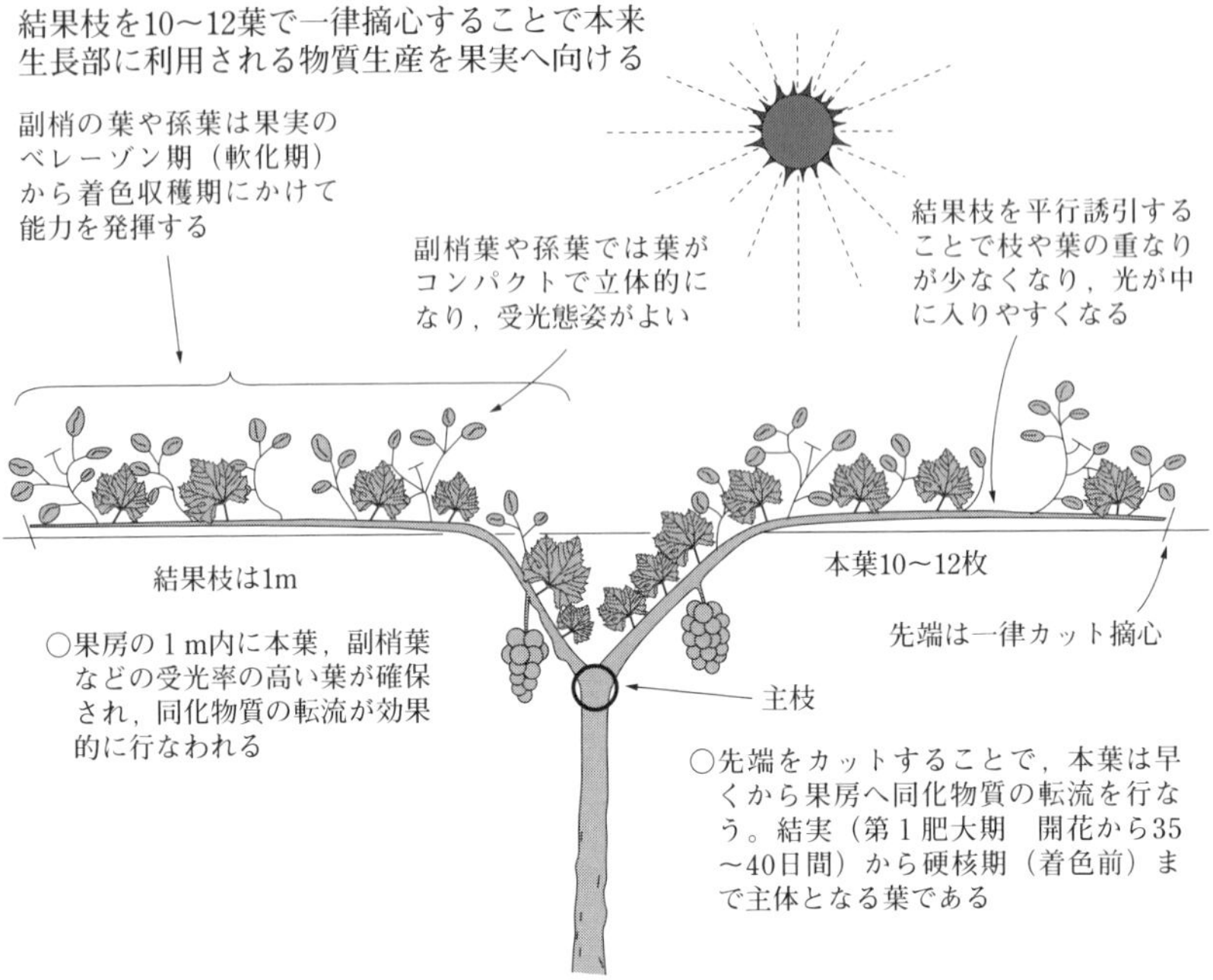

図2―3　同化産物を効果的に転流，活用する受光態勢

が容易となる。また一樹当たりの樹冠面積が小さいので樹体維持のためのエネルギー消費が少なくなり、その分が果実に多くまわるので安定した生産と収量増がはかれる。さらに施肥量も少なくてすみ、地下水汚染などの環境への影響が少ない。

(4) 計画的な着果と収量規制が重要

結果枝の長さが一律で、葉の受光率もよく、光合成能力も高いとなれば、①結果枝が充実して花芽分化もよくなる、②花芽分化がよければ花房もそろう、③そろった花房にほぼ同じ同化養分が供給される（結果枝の長さが同一でほぼ葉枚数も同じ）、ということで房の大きさも必然的にそろうことになる。

しかし、房の大きさや品種によっては、「一新梢（結果枝）一果房」を原則とした収量調節では着果過多につながることがある。結果過多は樹勢のバランスを崩す原因ともなるので要注意。そのような場合には、樹勢と房の状態に応じて収量調節する必要がある。

(5) 施肥は生育期の葉面散布と草生への堆肥施用

この栽培では結実優先で、樹は栄養生長型（樹勢が強く副梢を摘心しても止まらない状態）でなく、生殖生長型樹づくりを前提としている。つまり、中庸～弱の樹勢を維持することが大事で、栄養生長の旺盛な肥満樹に育てないことがポイントとなる（腹八分目を心がける）。

そのため元肥は施用しない。施肥は、お礼肥を主体に葉面散布剤を使い、樹勢の回復と貯蔵養分の蓄積をはかる。

葉面散布剤は、中庸な樹体を維持するため、窒素主体の資材や植物活性剤を、開花前、結実後、ベレーゾン期、収穫後を中心に樹勢をみながら散布して、葉や根っこの活力増進をはかる。

また堆肥の施用はブドウへの直接の効果をねらうのでなく、草生のライムギを均一に育てて根を深く張らせ、それによって地力をつくるという考え方で行なっている。したがって、九月下旬～十月中旬のライムギ播種時に、堆肥を園全面にばらまき施用する。

2 新短梢栽培での樹勢調節

(1) 新短梢栽培での樹勢の目標

新短梢栽培では、第二支線を越えた新梢の一律摘心と摘心後発生する副梢の摘心で、ベレーゾン期に入る前の七月上旬には新梢が止まっている中庸の樹勢が目標である。これによって、光合成の高い、厚くてコンパクトな葉が立体的に構成され、生産能力の高い葉面積指数三の樹勢維持がはかれる。

(2) 結実優先でコンパクトな樹づくり

短梢栽培なので、せん定量としては強せん定であり、樹勢はどうしても強くなりがちである。このため、二年目から生産を始めて主枝を太らせない（主枝が太ると貯蔵養分の蓄積が多くなり、強い新梢が発生する）、結実優先の樹づくりをする。

この基本になっているのは、新梢（結実枝）の強制的な一律摘心である。この摘心で枝や根の伸びを抑えるとともに、葉の養分転流を果実に向けさせることができるので、樹勢が抑えられる。こうして、短梢栽培でもあまり太らずコンパクトだが力があり、着色はやや遅れるがいっせいに果実を収穫できる樹にできる。

(3) せん定だけでなく総合的な樹勢調節を

①一年目から堅い樹づくり

まず、植付け時に大切なことは、植え穴に堆肥や肥料は施さず素地植えとし、栄養生長の旺盛な徒長的な伸長をさせない。一年目から徒長的な生育をしたのでは、根の発達が悪くT／R率が大きくなり、主枝が太るだけでなく萌芽の不良や不揃いの要因ともなる。

②主枝は副梢でつくり樹勢調節しやすい樹に

新梢を主枝に使うと第二主枝は副梢を使うか、翌年の腋芽からの新梢を使うことになり、年次差ができるので、勢力のバランスがとりにくい。それを避けるためと、主枝の勢力をおさえてそろえるため、新短梢栽培では、新梢を摘心してそこから伸びる副梢二本を主枝にしている。

図2－4　副梢を主枝に使うことで節間のつまった主枝になる

このように副梢を主枝に仕立てることで、簡単に左右同時にバランスの同じ主枝（第一、二主枝）をつくることができる。これにより、一年目から左右の主枝に同じ葉数と葉面積が構成されるので、二年目からの新梢管理、結実も左右同時にでき、樹勢のバランス

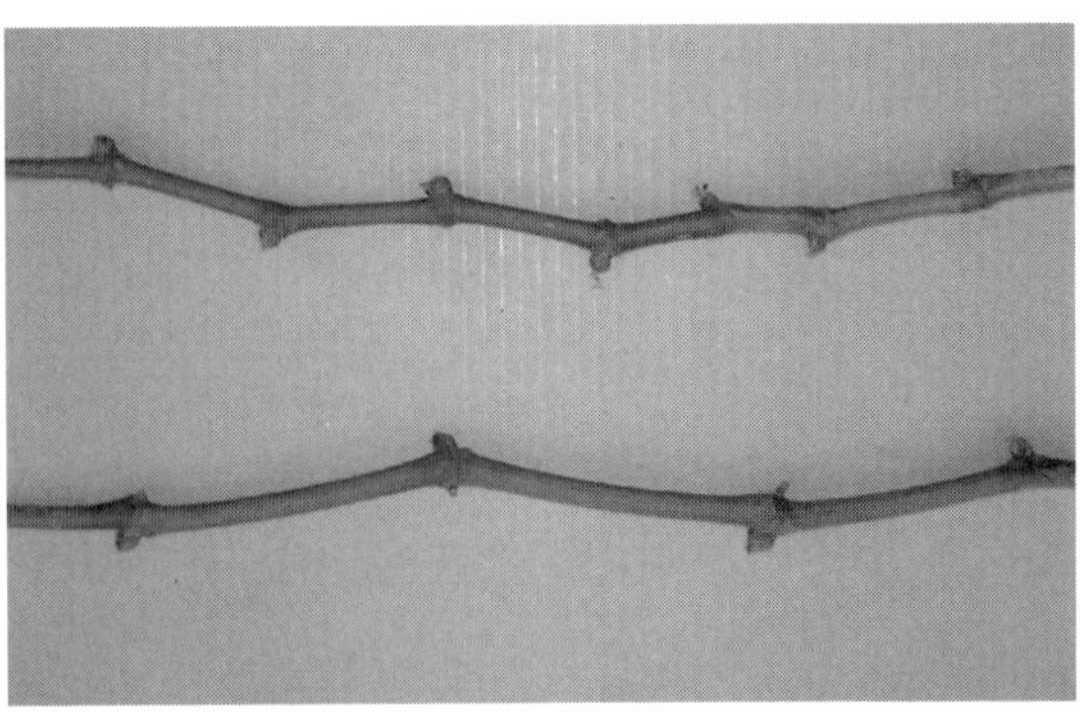

図2－5　節間のつまった枝（上）と節間が伸びた枝（下）

も取りやすくなる。

また、副梢を使うことで、新梢より副梢のほうが節間がつまっているうえ、左右に二本同じ勢力の主枝を取るので根からの養分が分散されて、徒長的伸びをしなくなる。そのため、節間のつまった枝になり、翌年の新梢発生数を多く確保できる。新梢数が多ければ、一本当たりの新梢の養分も分散されるので、徒長的な伸び方にならないのである。

③新梢は一～一・二メートルで一律摘心――樹勢は摘心時期で調節――

新梢の摘心は、基本的には主枝間隔二・二メートルでは一メートル、三メートルでは一・二メートルを目安に行なう。しかし、強い新梢を一回目のジベレリン（ＧＡ）処理前に摘心すると、強い副梢が多く発生し、さらにその後も孫枝が伸びるので摘心回数が多くなる。

それを防ぐには、二つの方法がある。一つは強い新梢は摘心せずにそのまま長く伸ばして、二回目のジベ処理から摘粒のころに第二支線まで切り戻す方法である。もう一つは、一回目の誘引時に第一支線を越えたところで摘心して、先端の副梢一本を結果枝として伸ばし、第二支線を越えたところで再度摘心して樹勢を抑える方法である。

二回目のジベ処理後に行なうのは、一回目のジベ処理時にほとんどの新梢が第二支線を越える程度の樹勢の場合である。この程度なら一回目のジベ処理前に摘心しなくても、ジベ処理効果は高く果粒の肥大もあるので、その後の摘心回数を減らすために遅らせて摘心する。

しかし、主枝の分岐に近い部分から発生するとくに強い新梢は、そのままではジベ処理効果も悪くなるので、貯蔵養分の転換期である本葉七～八枚（誘引して第一支線の先）のころに一回目の摘心を行なう。

なお、果実への影響は一回目のジベ処理前の摘心（標準）に比べて特筆するような差は生じないが、後者の場合は摘心で花齢がすすむため、一回目のジベ処理適期に注意する。

④主枝間隔は品種や房重・労力に合わせて設定

主枝間隔が広いと主枝間の中央部を二〇～三〇センチ空けることができ、そこから棚の上に手が伸ばせるので副梢の摘心などの管理がしやすい。また、空間ができることで、棚下からの風通しがよくなり、棚下の湿度や温度の低下がはかられるなど、樹勢調節がしやすく、新梢管理も楽になる。労力のない方や高齢者、女性では、三メートルと広く設定したほうがつくりやすい。

また一房重の目標が四○○〜六○○グラムでは二・二メートル、六○○〜七○○グラムの設定では三メートルを目安とする。

図2—6　第1支線までの弱い新梢は空枝とする
左の新梢には袋掛けされた房が実っているのに対し，第1支線に誘引していない新梢は房がなく空枝である

⑤「一新梢（結果枝）一果房」を原則とした結果管理

新梢は、一五〜二○センチ（一メートルに一○〜一二本）間隔で配置するが、すべての新梢に着房させると結果過多となる。そのため、図2—6のように棚面の第一支線までしか伸びない新梢は摘房して無着房とし、第一支線を越えて伸びている新梢（長さ七○センチ以上）は「一果房」を原則に房の大きさや樹勢をみながら結果過多にならないように調整する。

無着房の枝を残すのは、棚面が暗くならない限りは葉枚数が多いほど同化能力が高く、樹体が充実する。また、空枝の同化物質は房のついている枝へ転流（一メートル以内）するので、空枝でも生産、品質への影響が大きいためである。省力のために最初から新梢本数を限定してしまうと、一本当たりの養分の分配が多くなり新梢が強く（栄養生長）なるためかえってその後の摘心作業が多くなってしまう。また、年数がたつにしたがい欠損部が多くなる。なお、空枝も棚面が暗くならない限り、着房している枝と同じ管理を行なう。

⑥こまめな摘心が樹勢調節の基本

主枝間隔の設定で、結果枝の長さが定まる。相互の中間までが領域となるため、それ以上伸びる新梢は切り戻す。

また副梢も三〇センチ以上に伸びるものは、這ってしまい棚面を暗くするため、二〇センチくらい（三〜四枚）で一律摘心する。とくにベレーゾン期に入る前に新梢の伸びを抑えておく（理想的には止まっている）ことが、裂果を防ぎ、着色のよい良果を生産するポイントになる。そのためにも、摘心は重要な作業になる。

⑦樹勢が強いときは植物調節剤も利用

結果枝の適正な樹相は、発生する強い副梢を本葉二〜三枚で摘心してその節から発生する孫枝が本葉二〜三枚で自然に止まるくらいがよい（第3章8(1)①を参照）。樹勢が強いと孫枝が伸びて葉が重なり光合成が低下するので二回目以降の摘心労力を省くためにベレーゾン期前に植物調節剤（エルノー二〇〇倍、一〇アール当たり二〇〇リットル）を利用してもよい。

⑧草生との組み合わせが大前提

新短梢栽培は植付け本数が多く、一樹の樹冠面積が小さいため、徒長的な樹勢は樹体管理に手がかかり、しかも生産の安定がむずかしい。そのため、節間のつまった中庸な樹勢を維持することが重要である。中庸な樹勢を維持するには、有効土層を深くして、水分の保持力を安定化し、土壌中の微生物の種類を多く繁殖させて、安定した養水分の供給がはかれる土壌構造の改善と、ブドウの細根発生を多くすることが大事であり、一番簡単で楽にできるのが草生栽培による土づくりである。

ブドウは永年作物であり、一度植え付けると、基本的には輪作できない。そのため、土壌中の微生物が単純化し、また根からの排泄物でいや地、モンパ病などの土壌病害の問題が生じてくる。しかし草種を組み合わせて、年間を通して異なった草を繁茂させる草生栽培は、ブドウ園の輪作化であり、人の手によらずに土壌構造の改善をはかるよい手段である。草生栽培にすることで、土壌の物理性、生物性、化学性が改善され、それに合わせて、ブドウの根も細根が多くなり、地下深く入るため、水分や養分の供給も安定する。そのため、地上部の新梢の伸びも緩慢で、葉も小さくて厚くなり、樹勢も暴れなくなるので、摘心回数も減り、新梢管理が楽になり、しかも果房への養分転流がよいので安定生産につながる。

3 草生栽培がつくる地上部と地下部のバランス

(1) 草生でゆるやかな肥効と養水分の調節を実現

①生育ステージに応じた草刈りで養水分の競合を回避

ブドウと草の根は、土壌中の同じ領域に分布するため、養水分の競合をおこしやすい。そのため、ブドウの生育ステージに合わせた草刈りが重要となる。草をつくり、刈り取り、窒素を蓄積した茎葉や根を土に戻すことで土壌中の硝酸態窒素と草の循環体系を構築して、ブドウへの地力窒素的なゆるやかな吸収を実現するとともに、園外への流亡を防ぐことができる。

こうした刈り草からの肥料の供給と草とブドウとの養水分競合は草の刈り取りで調整する。したがって、草生栽培での草刈り時期や回数は大切な作業であり、その判断が生育や収量、品質に大きく影響する。

②湿潤期は伸長させ乾燥期は刈り取る

草生管理の基本は次のように、雨との関係で考えるとよい。

土壌水分過多の梅雨期は、草を繁茂させて葉からの蒸散量を多くして、土壌水分を減少させる。逆に、梅雨明け前から夏の高温乾燥期は、草をよく刈ることで、草葉からの蒸散量を少なくして土壌水分を確保するのである。

とくに夏場はこまめに刈って草をあまり伸ばさないことによって、土壌水分の調整とブドウの毛根の発生を促すことができれば、葉やけ、宿果症、裂果などの発生が軽減する。

③堆肥はブドウでなく草にやる

草の根は、深耕機であり土壌中の微生物を増やす土壌改善マンであるため、園全体に平らに草を生やして、根を深くより多く張らせるよう心がけている。それによって土壌の水分や肥料の緩衝能力が高まり、樹も中庸の生育を示すようになる。

したがって、前にも述べたように堆肥は草のために全面施用する。そして、草による土壌の改良効果がブドウの根の発達を促進し、養分吸収を助けるのである。

(2) 草生の効果は緑肥よりも根の働きに

草生栽培の効果は緑肥としてよりも、根による土壌構造の改良効果が大きいと私はみている。

草の根は園全体に何千億の根を張りめぐらせ、生死を繰り返し無数の根穴を土の中につくっている。その根穴に酸素や水が入り、土壌構造が改善される。土壌構造（固相、気相、液相、プラス、腐植と微生物）のバランスが改善されて、土壌が単粒化から団粒化してくると、土壌中の空気や水分が安定して維持、確保されるため、根が水や酸素を求めて伸長しなくてもすむため、細根や毛根が多くなる。

土壌分析に基づいた施肥改善では、化学性の調整が行なわれるが、物理性や微生物性の改善は十分ではない。これに対して草生栽培では、まず物理性や微生物性が改善され、それによって土に吸着されていて植物に使用されにくい肥料成分が溶解して、吸収されるようになり、化学性も改善されるのである。資材など投入しなくとも、保水・排水性のよい養分バランスのとれた土がつくられるのである。

こうした草生による土壌の総合的な改良によって、ブドウの根も細根が多くなり、新梢の伸びは抑えられ、葉も小さく厚く、病気にかかりにくい樹体が形成されるようになる。

もちろん深耕や有機物を投入することでも十分効果は上がるが、草の根のようにブドウの生育中に園全体を平均に六〇センチもの深さまで深耕することや、微生物群を土層深くまで繁殖させることはできない。しかも、投入方法と時期、投入量、質（堆肥の）をあやまるとブドウの生育に草生栽培以上に問題を生じる。

(3) 土壌診断は草の表情で判断

草はブドウより先に土壌の状況を表情に表わす。土壌構造のよしあしは、草の伸びの長短として現われ、土壌構造が悪いと園全体の草がそろって生育せず、でこぼこな生育を示す。肥料のあるなしは、葉色の濃淡と、生長の早晩として確認できる。たとえば、葉の緑が淡くなり草の伸びが悪くなれば、肥料不足と考えられる。養分の過不足も、ブドウより早く葉に欠乏症として現われる。

また、ウドンコ病やアブラムシ、ダニなどの病害虫の発生動向も、草の被害状況からいち早くつかむことができる。たとえば、ウドンコ病では葉の表面に白い粉ができる。アブラムシが発生すると、茎葉の先にアブラムシがむらがり草の伸びが止まるし、アブラムシの排出液でツヤを持ち、その後スス病が発生して黒くなる。また、葉の裏にダニが寄生すると、葉の緑が抜けて、白色化し、ツヤがなくなる。程度が進むと茎葉全体が白く葉の先端部にクモの巣状の幕を張りダニがむらがるなど、草をみてブドウへの対応ができる。

4 「種あり」でも「種なし」でも栽培できる

(1) 品種差があっても基本は同じ

「種あり」「種なし」でも栽培管理技術の基本は同じである。すなわち、生殖生長型の生育と草生栽培で土の力をひきだし、細根を多く発生させることによって、新梢の伸びは中庸で、葉は小さくて厚く光合成能力が高い樹相にして、ベレーゾン前に新梢の伸びが止まるような樹勢にすることである。

しかし、萌芽や房持ちのよしあし、副梢の発生の多少などの品種差もあるので、品種の特徴をつかんで、栽培管理技術で対応する。

(2) 最初に取り組みたいおすすめの品種

初心者は、四倍体品種の種なし栽培（ピオーネ）、スチューベンやネオマスカット（種あり）などのつくりやすい品種から始め、栽培管理全体の流れをつかんだ後、ロザリオ・ビアンコなどの品種に取り組むようにしたい。

最初に取り組みたいおすすめの品種は左記のとおりだが、主な品種の栽培のポイントは表2—1を参照。

①種なし：ピオーネなどの四倍体品種、巨峰、キングデラ、カッタクルガン

②種あり：スチューベンなどの米国系品種、ルーベルマスカットなどアレキを親に持つ欧州種

③醸造用：メルロー、甲斐ノワール、甲州

表2－1　主な品種の栽培のポイント

	品　種	特徴と栽培のポイント
種なし	ピオーネ	・樹勢が強いと主枝の中間部や基部近くの芽が萌芽不良となりやすいので，催芽処理剤や芽傷処理を行なう ・巨峰群の中で一番萌芽がそろわないので，２芽せん定を活用して新梢発生数を多くし，芽かきで調整する
	巨峰	・萌芽，新梢のそろいもよい ・脱粒しやすいので房尻を摘み，ダンゴ型の密着果房に仕上げる ・500g以下の房に仕上げ，パック詰めをめざす
	カッタクルガン	・樹勢は強いが，萌芽率高く房持ちもよい ・ジベ処理は２回行なう ・密着果粒となるので摘粒に時間がかかる ・大粒となるので500g目標で30粒
	キングデラ	・萌芽，新梢のそろい，房持ちもよい ・デラよりGA処理は簡単であるが，ジベ焼け，サビ果をおこしやすいので，天候に注意する ・密着果房になりやすいので，支梗で落とし，早めに摘粒 ・マンガン欠乏をおこしやすいので硫酸マンガンの浸漬処理を行なう
種あり	リザマート	・樹勢は強いが萌芽，新梢のそろいはよい ・着果過多（大房）は花芽分化が悪く、房持ちが悪くなる ・２芽せん定で房持ちを確認して新梢整理 ・結果枝の誘引は1mに8～10本で，棚を暗くしない ・着粒よく，大粒となるので，小さい房も使用する ・摘粒は容易
	藤稔	・樹勢強いが，萌芽，新梢のそろいはよい ・２芽せん定で新梢数を多くし，強い新梢を整理する ・房が大きく，脱粒しやすいので，満開時にコンパクトに整形して密着果房とする ・もともと着色は薄いので，大房にしない（450～500g）
	スチューベン	・樹勢は中庸で，萌芽，房持ち，着粒もよい ・樹冠は30m²以上にしない ・栽培は容易で農薬散布も少なくてすみ，省力栽培できる ・耐寒性が弱いので結果過多をさけ，貯蔵養分の蓄積をはかる ・１芽の犠牲芽せん定を行なう
醸造用	甲州	・樹勢は強いが，萌芽，房持ちはよい ・樹冠は最大50m²までで，30m²を基準にする ・２芽せん定で新梢数を多くし，強い新梢を整理する ・着房は１新梢に２房とし，着粒もよいので小房に整形
	メルロー	・樹勢は中庸で，萌芽，房持ちはよい ・樹冠は20m²を基準に，30m²以上にしない ・１～２芽せん定で，棚面が暗くならない程度に多く誘引 ・房持ちよく，大房となるので，着果過多に注意 ・房の整形は，房の下部をカットする
	甲斐ノワール	・樹勢は強いが，萌芽，房持ちはよい ・樹冠は20～30m²とする ・１～２芽せん定で樹勢の強い新梢は整理する ・大房となるため品質をそろえるのに房の下1/3をカットする ・成熟期が遅いので，バンプ病防除をしっかり行なう

第３章

新短梢栽培の実際

1 圃場の準備

(1) 前作からの転換方法と準備

①長梢・短梢栽培からの転換

既存のブドウ園からの転換の仕方として、混植しながら生産を上げて、順次切替えを行なう方法が一般的だが、この栽培では、問題が多いので行なわない。

理由は、次のとおりである。①既存の樹と新植樹との生育ステージが異なるため、新梢管理や病害虫対策が十分に行なえない。②混植のためT／R率が大きくなってしまい（地面に陽が十分にあたらないため、根群の発達が弱い）翌年の萌芽が悪い。③生育がそろわないため、成園化までに年数がかかり、その後の管理も複雑となる。④六〜九月の草生の繁茂が十分でなく、効果が発揮されない、などである。

そのため、この栽培では、二年で生産が始まり、成園化も早いので、既存樹を抜根して一挙更新するか、園の半分を更新して残りの半分を二〜三年後に更新するかのいずれかとする。

園の改修は、まず土壌分析（普及センターまたはＪＡに依頼）を行ない、pHとカリの過不足状況を確認して、処方箋に基づいての土壌改良資材や肥料を、抜根整地前に施用する。そうすると、バックホーを使って根をきれいに掘り上げると同時に天地返しされ、改良資材や肥料が土中に入るので、その後中耕整地を行なえばよい。棚は、図3―1のように、主枝を伸ばす方向と直角方向の小張線を全部はずして、棚の締め直しと高さの調整を行なう。

高さは、その園を主力に作業する人の、身長プラス一〇センチに調整する。また、樹間の幅を広げる場合は、棚の締め付け前に、主枝方向の平杭を移動して杭通し線をかえる。つぎに、支柱は、横の杭通し線を一本おきに立てて、棚の高さを定める。最後に誘引線を杭通し線の下二〇センチに張り、水道用の塩ビパイプ（二〇センチに切る）と針金を使って、支柱と杭通し線に固定する。

なお、既存のレインカット棚からの改修は図3―2のとおりである。

②その他の果樹からの転換

モモやリンゴなどの落葉果樹園の土壌は、ブドウ園の土壌より、pHが低く（ブドウは六・五〜七・〇　モモは五・五〜六・〇　リンゴは六・〇〜六・五）、また白モンパ病に弱く、罹病している園が多い。そのため、これらの果樹からの転換では、pH調整と白

①まず主枝を伸ばす方向を決める
②主枝と直角方向の小張線を抜く

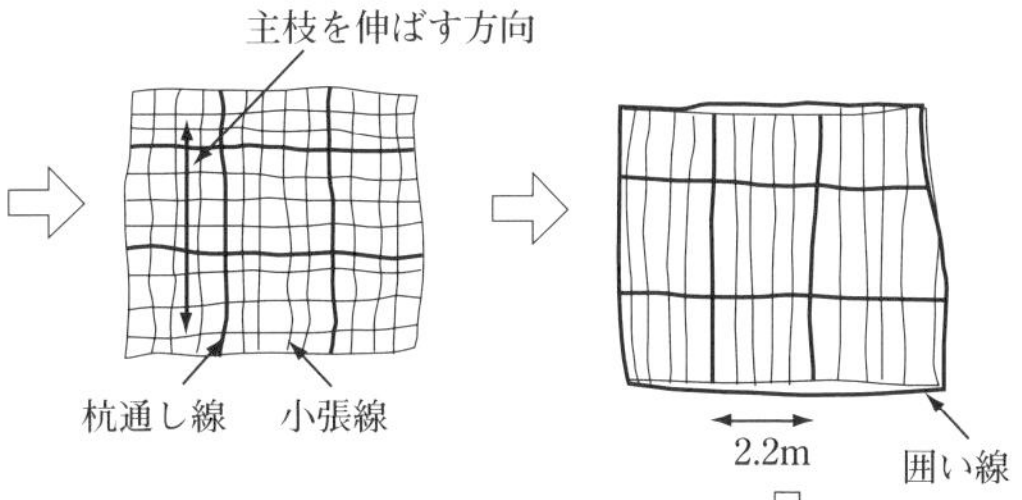

③棚の締め直しと高さの調整
バイスを使って囲い線と支線，杭通し線を締め直して棚のゆるみを直す

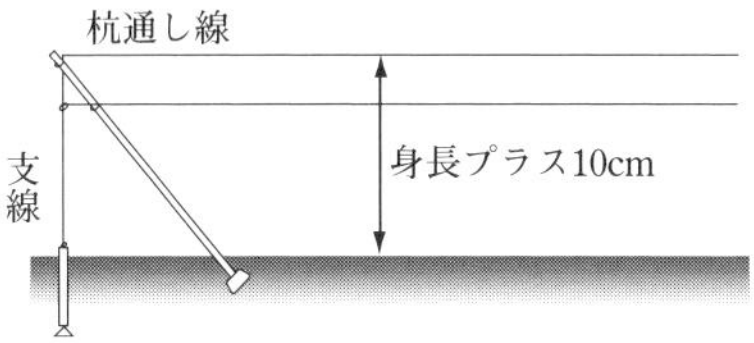

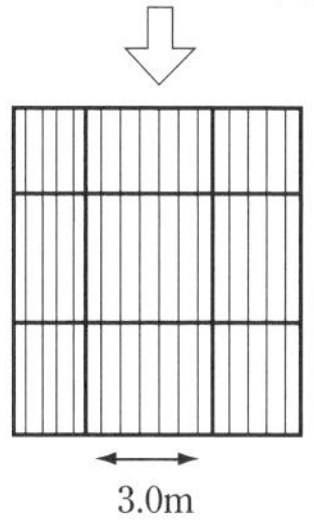

④樹間を広げる（既存の棚は2.2mが多いので，3.0～3.3mに広げる）場合は，③を行なう前に支線を計画の位置（3.0m）にいけ直し，その位置に既存（2.2m）の位置の平杭を移動して杭通し線を張る。なお，3.3mに広げる場合は既存の杭通し線はそのままで，1間おきに両サイドにインチ半の肉厚のパイプを立てて囲い線に固定し，杭通し線を張る

⑤支柱を立てる

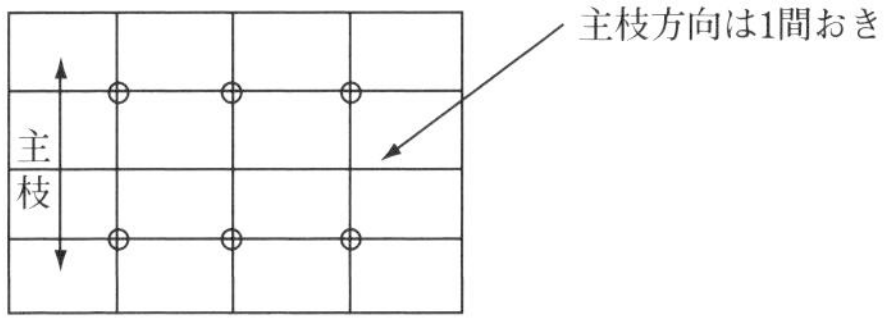

⑥誘引線を張り，塩ビパイプと針金で杭通し線と誘引線，支柱を固定する

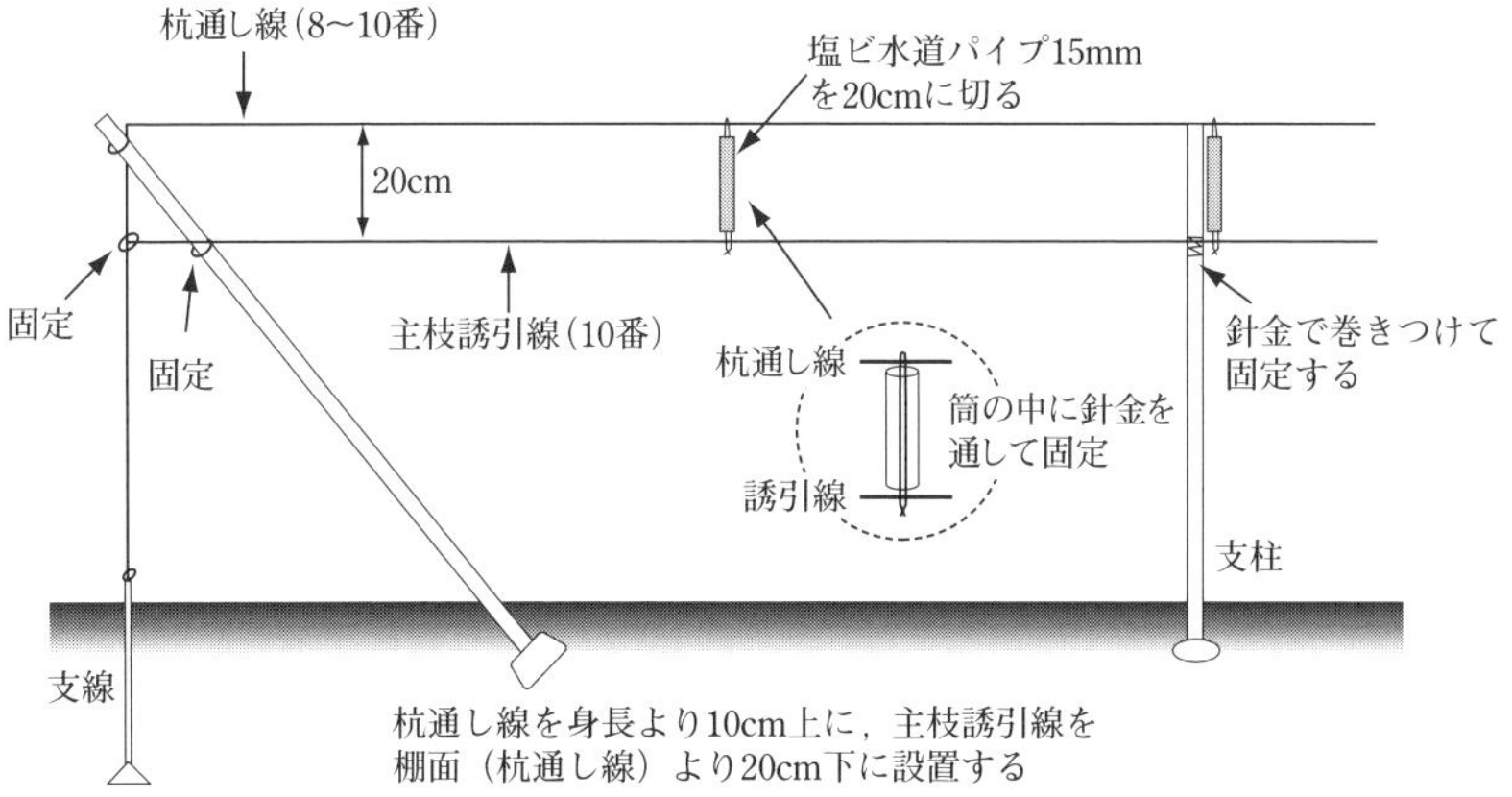

図3−1　既存ブドウ園から（X字型長梢栽培）の改修の方法

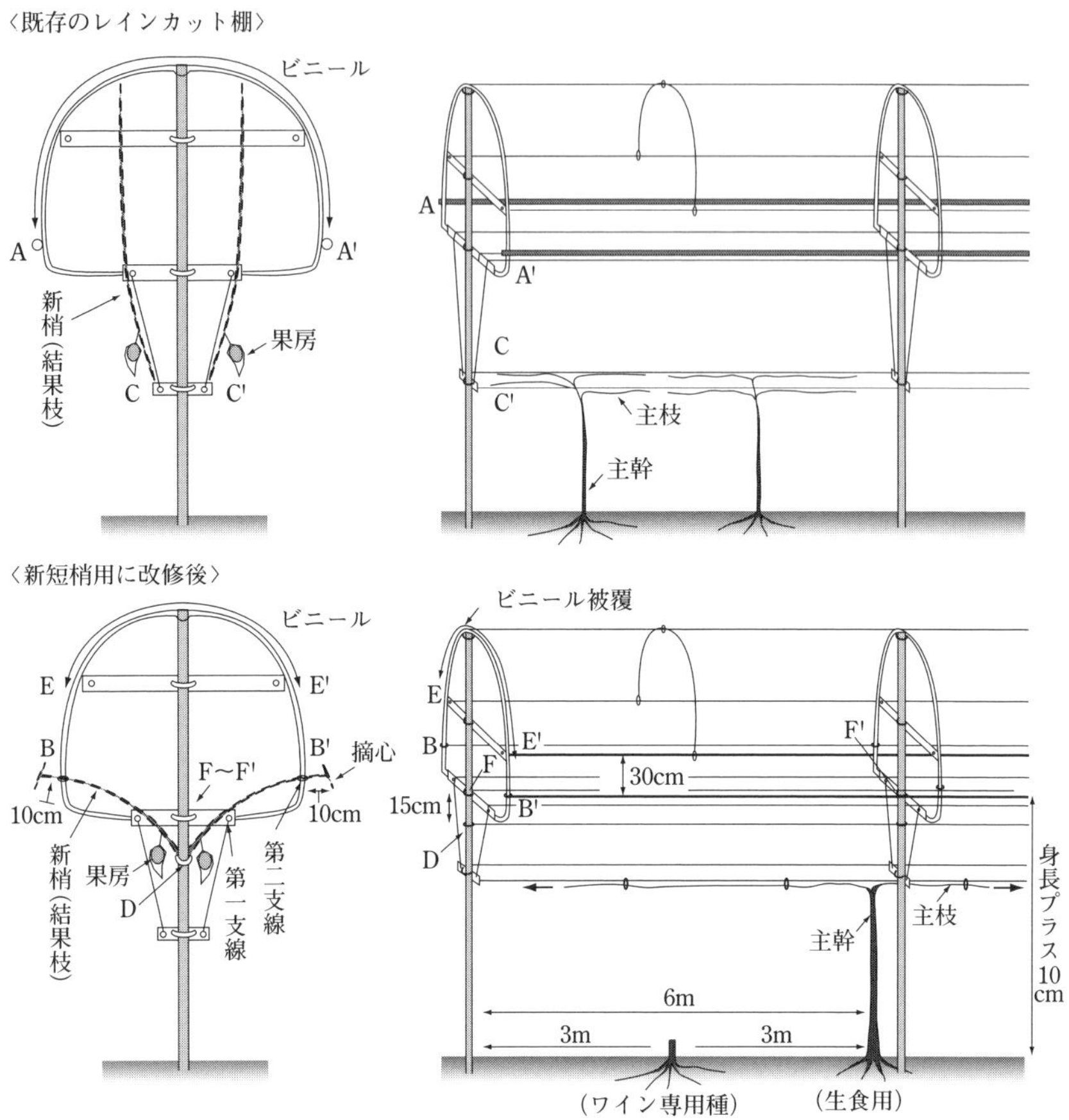

①A・A'のパイプを外しB・B'の位置（身長プラス10cmの高さ）に10番線を張り替える

②C・C'の針金をはずし，Dの位置に10番線を張り替える（主枝誘引線）

③誘引線の上15cmのFからF'へ小張線を張り，主枝からの新梢（結果枝）の振り分けを行ない，主枝のよじれを防ぐ

④ビニール張りはE・E'の位置で固定する

⑤生食用は支柱の位置に植え付け，誘引線に沿って主枝候補枝を伸ばす

⑥新梢（結果枝）は---のように伸ばし，第２支線（B'）から15cmくらい出た位置で摘心する（11〜13芽）

図3−2　既存のレインカット栽培園からの改修の方法

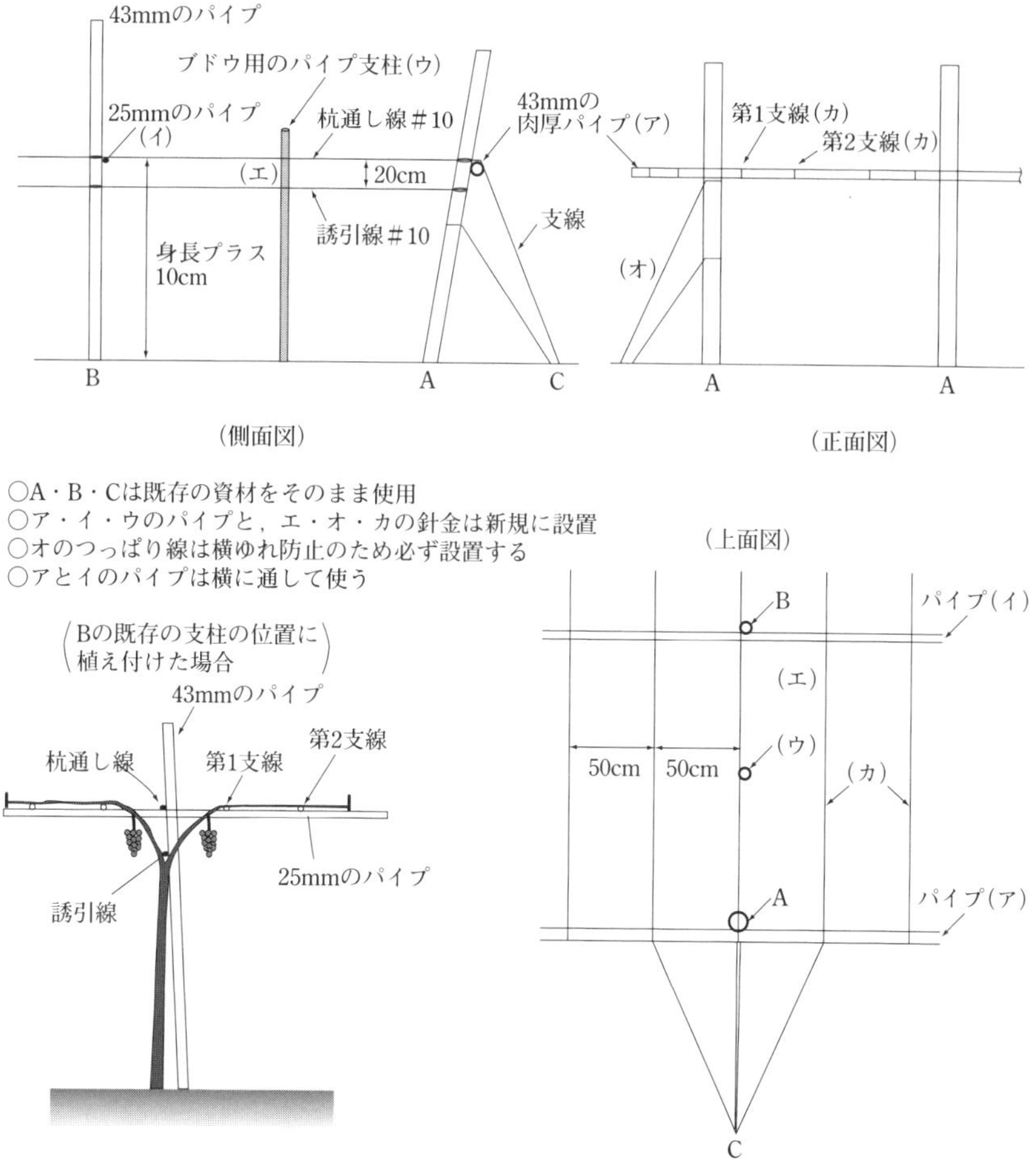

図3－3　リンゴのトレリスを改修した棚

モンパ病対策が重要な作業となる。なお、トレリスからの改修は図3―3のとおりである。

pH調整　pHの違いは、各種要素の欠乏や過剰障害が生じて、生育不良や生理障害をおこすため、pH調節では、抜根前に土壌分析を行ない、石灰質資材を用いて適正な値に矯正する。分析の結果、pHの差が大きく石灰質資材を大量（二〇〇キロ以上）に使う場合は、抜根天地返し前と中耕整地前の、二回に分けて施用して土とよく混和し調整する。

白モンパ病対策　まず、抜根の際に一株ごとに罹病していないかを調べる。罹病している樹は、土壌中に残っている根をよく拾い出して焼却する。また、抜根天地返しをする際に、土を他へばらまかない（土の移動で罹病地を広げてしまう）ようにして、罹病地域を把握しておく。罹病地内に新植しなければならない場合は、フジワン粒剤一キロを植え穴（半径五〇センチ、深さ三〇センチ）の土とよく攪拌しておく。苗木は、健全な苗木を用意して、植付け前にフロンサイドS水和剤の一〇〇〇倍液に浸け、植え込んだあと、残った液を株元に灌水する（二〇リットル）。

③水田転作

排水のよい緩傾斜地に適するブドウは、平らで地下水の高い水田跡地は不適地であるため、植付け前に園内外の排水対策を行なうことがもっとも重要である。

排水対策は、バックホーを用いて、水田の床破りを天地返しを兼ねて全面に行ない、さらに暗渠排水を設置する。またそれと併せて、園内と周囲に明渠を設けて、周囲からの雨水の浸入を防ぐ。

この栽培では、新梢を中庸から弱の樹勢で管理し、ベレーゾン期の前には新梢が止まることが大切であるが、水田跡地で排水が悪いと新梢がいつまでも伸長して、新梢管理に手のかかるわりには、品質の良い果実が得られないので、年間通して排水対策にあたる。また、地下水が高いとブドウの根群が浅く、梅雨や夏の大雨で根を傷め（葉からの同化養分不足による発根不良と酸欠による）、葉やけ、日焼け、着色不良などをおこすので注意する（砂地で地下水が高いと干ばつの被害を受けやすくなる）。pHは、①②に準じて調整する。

④畑地からの転換

畑地からの転換では、白紋羽病対策（寒地では紫紋羽病が多い）とpH調整が必要な作業であり、①②に準じて行なう。また傾斜地の畑や造成地は、畑の上下や場所により、土層の深さや肥沃度、pHなどにバラツキが多いので、細かくチェックして対策を講じる。

(2) 暗渠設置などの排水対策

ブドウの栽培では、土壌水分が多いより少ないのがよい。水分が多いと栄養生長型の生長となり、摘心しても伸長が止まらず葉の能力も落ちるため、とくにこの栽培では問題になる。着色～収穫期にかけての水分過多は品質への影響が大きいが、その時点では手の打ちようがないので排水対策は苗木の植付け前に講じておかなければならない。

草生栽培を三年以上継続すると、無数の根穴ができるためか園内は排水がよくなるが、園地周辺の明渠や水田跡地での暗渠による排水対策は必ず講じておく。

2 栽植計画と栽植方法

(1) ポイントは主枝誘引線の設置

主枝誘引線は、新短梢栽培での施設改良と栽培管理を楽にするキーポイントである。新短梢栽培では、主枝誘引線を杭通し線下二〇センチに張ることで、主枝候補枝をまっすぐに誘引することができる。

しかも、主枝候補枝から発生する副梢が二〇センチ以上伸びたころに杭通し線で左右に振り分けることで、主枝候補枝のよじれ（主枝が風でよじれると、主枝上の腋芽の発芽方向が上下左右といろいろになるため、新梢〈結果枝〉の発生位置が上下左右となってしまい新梢の不揃い・強弱・誘引などで問題を生じる）がなくなり、左右の側面に腋芽が並び、翌年からの新梢の発生が左右にそろう。また、誘引線から第一支線までに二〇～二五度の角度ができるため、新梢（結果枝）を欠損させることなく、いっせいに能率よく誰にでも誘引することができる。そのために主枝誘引線を必ず設置する（図3―1、3―4）。

(2) 計画的な密植

①最大樹冠面積五〇平方メートル以下でそろえる

樹冠面積は、地力や品種、労力などを考慮して三〇～五〇平方メートル（三三～二〇本）の範囲で調整する。ただ樹形（主枝本数）は違っても、一樹の主枝総延長をほぼ同じにすることで、各樹の樹冠面積がほぼ同じとなる。そのため、各樹の地上部・地下部のバランスを園全体でそ

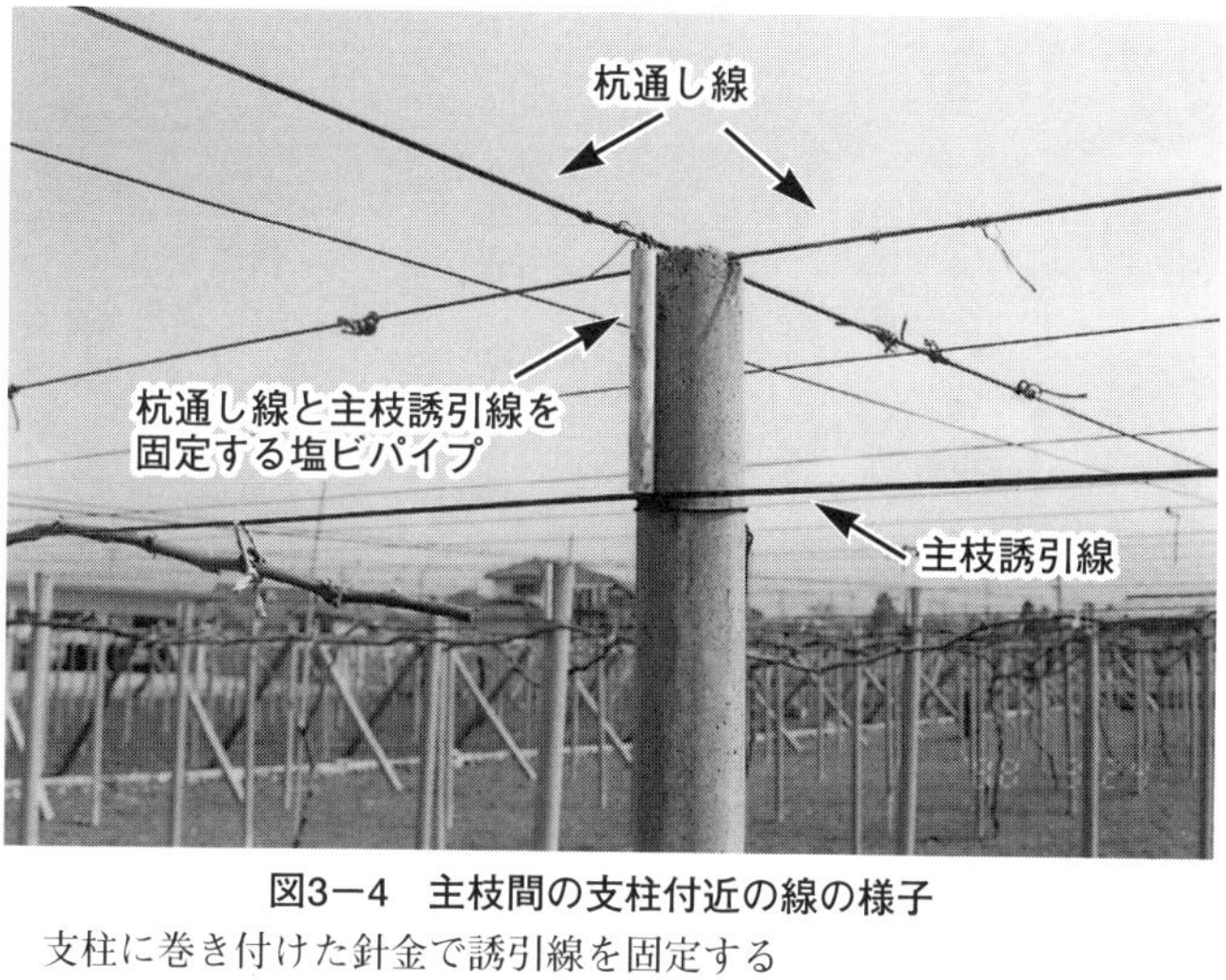

図3―4　主枝間の支柱付近の線の様子
支柱に巻き付けた針金で誘引線を固定する

表3—1　新短梢栽培における栽植本数の目安　（10a当たり）

整枝型	主枝数	主枝間隔2.2mの場合 主枝長の1本当たりm	主枝間隔2.2mの場合 樹冠面積1樹当たりm^2	主枝間隔2.2mの場合 栽植本数（本）	主枝間隔3.3mの場合 主枝長の1本当たりm	主枝間隔3.3mの場合 樹冠面積1樹当たりm^2	主枝間隔3.3mの場合 栽植本数（本）
一文字型	1本	15	33	30	15	50	20
	2	7.5	33	30	7.5	50	20
オールバック型	2	7.5	33	30	7.5	50	20
	3	5.0	33	30	5.0	50	20
H型	4	3.8	33	30	3.8	50	20

ろえられることになる。その結果、樹勢のコントロールや施肥などの管理作業が容易となる（表3—1）。

②主体は一文字型整枝

これからのブドウ経営は、早くから利益を上げることが重要である。そのためには、早期に収量を高めることができ、整枝が簡単・単純で成園化が早い、一文字型を基本に各整枝型を組み合わせる（図3—5）。

③圃場の形状や地形に合わせて配置

傾斜地の圃場では、すべての主枝の先端が傾斜の上方に向くため、樹勢の維持がはかりやすいオールバック型を主体とする。

また、変形している圃場では、図2—1のように主な面積を一文字型でうめ、残りの面積は各整枝型を配置してうめるとよい。また、草刈り機などの作業効率を上げるため、支柱の位置に必ず植え付けるようにする（図3—6）。

(3) 植付けは春より秋がいい

購入苗を植え付ける場合は、寒さの厳しい地域を除き、秋植えのほうが萌芽までに根が土となじんで動くため、一年目の苗の生育がよくそろう。

素地植えとする　萌芽率がよく、生殖生長型の樹づくりのためには、一年目の徒長的生長は禁物。そのため、植付け穴に堆肥や肥料を入れないで、根に菌根菌を小さじ一杯まぶすだけの素地植えで堅く育てる。菌根菌はブドウの根に一生共生して、土壌中のリン酸を吸収してブドウに供給してくれる。ただし、表土を戻していない造成地や痩せ地では、植え付け一カ月前に完熟堆肥二〇キロやリン酸肥料一キロを土と混和しておく（図3—6）。

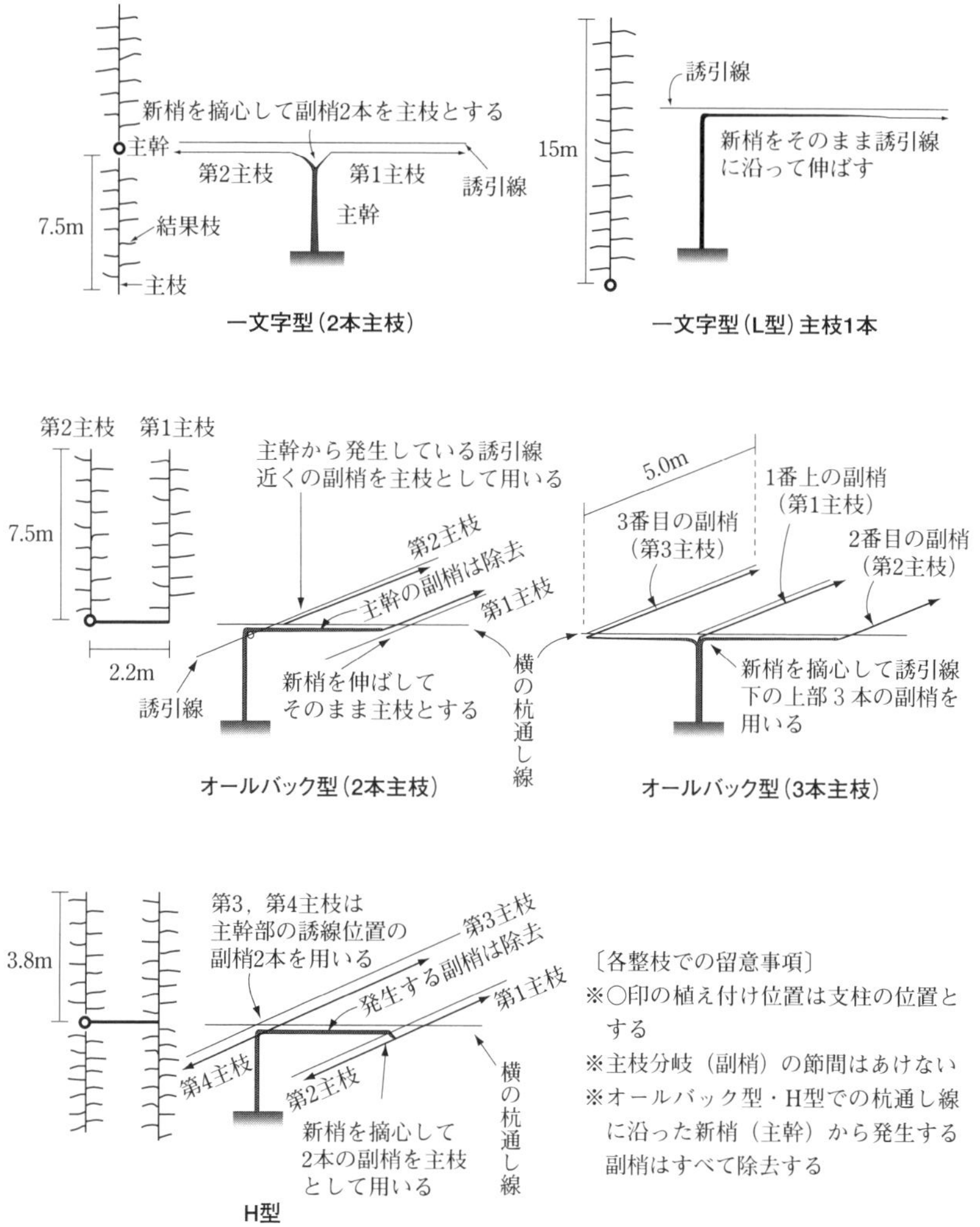

〔各整枝での留意事項〕
※○印の植え付け位置は支柱の位置とする
※主枝分岐（副梢）の節間はあけない
※オールバック型・H型での杭通し線に沿った新梢（主幹）から発生する副梢はすべて除去する

図3－5　新短梢せん定の基本となる各種整枝法

（主枝間隔が3.3mの場合も同様）

根を四方に広げ浅植え　根を、先端は切り返し、二段根は一段根に整理して、四方に広げ、接ぎ木部が地表面より下に入らないように浅植えとする。

表層部の乾燥・凍結対策　植え付けたあと、十分に灌水して、半径五〇センチ以上にワラ（堆肥でもよい）とビニールでマルチを行ない、土の乾燥と凍結防止をはかる（図3―7、8）。

なお、地力のない圃場では鶏糞四キロでマルチングするとよいが、植付け時にすると根が動く前に雨水で肥料分が根部に達してしまい発根障害をおこすおそれがある。したがって一年目に使用する場合は、苗が萌芽して伸長を始め、本葉五枚以上に伸びてから（根が発根伸長している）土壌表面に施す。

図3―6　苗木の素地植えした様子（秋植え）

支柱の南側に植え付ける

地上部の乾燥、凍結対策　地上部は苗をワラなど（新聞紙やダンボールでもよい）の防寒資材で巻いて防寒する。

寒さの厳しい地域では、図3―8のように土を山盛りして苗木を埋め込み、寒さと乾燥を防ぎ、春に芽が動き出してから土を除去し、堆肥や敷きワラでマルチングする。なお、この場合は芽が動き出してからの凍霜害にも注意する。

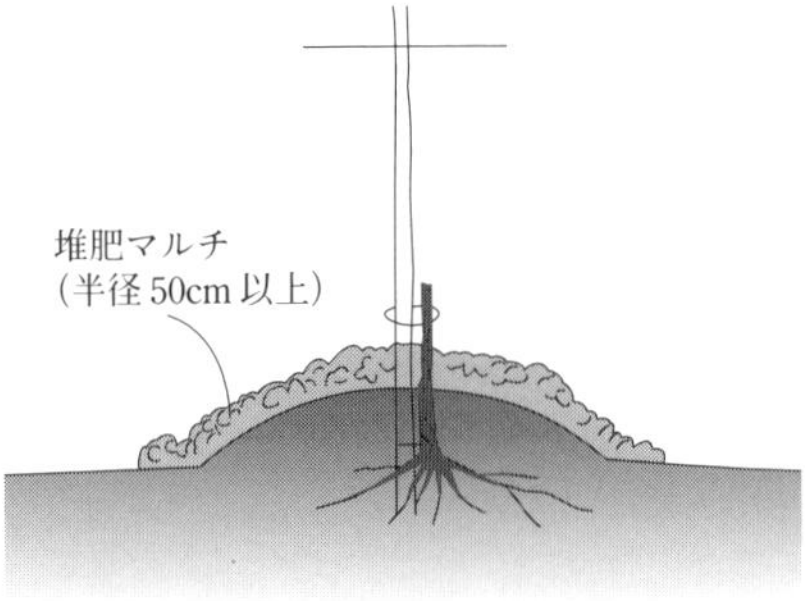

図3―7　堆肥マルチの様子

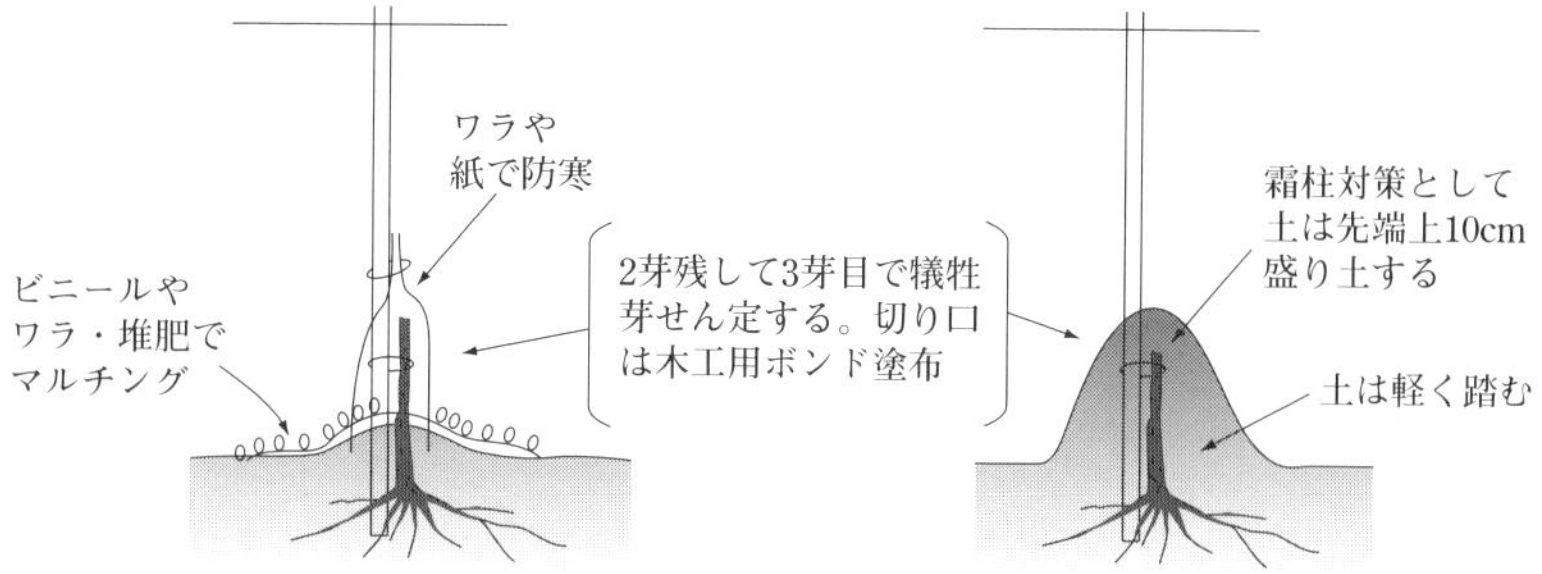

支柱の南側に穴を掘り，根を広げて植え付ける。
灌水は十分に行なう

図3−8　苗木の素地植え方法（秋植え）

右図は，寒さの厳しい地域での対策。春に芽が動き出すまで行なう

3 一年目の生育と仕立て方

新短梢栽培では、二年目から収穫を始めるため、二年目に房持ちのよい充実した中庸の結果枝を数多く発生させることが必要になる。そのためには、一年目の生育と管理がポイントになる。

(1) 主枝を設定する

①主幹の決定と主枝候補副梢の誘引

苗木から発生する新梢が本葉五～六枚のころ、発育のよい新梢一本に整理（それ以外の新梢は基部よりせん除）して、支柱に沿って真上に伸ばす。新梢の先端が棚（杭通し線）上一〇センチくらいまで達したときに、誘引線の位置の節間が伸びきっていることを確認し、誘引線から下五センチ以下で摘心する。この位置の節間が伸びきっていないと、摘心した後に節が伸びて、誘引線の上に出てしまい、主枝候補枝の誘引

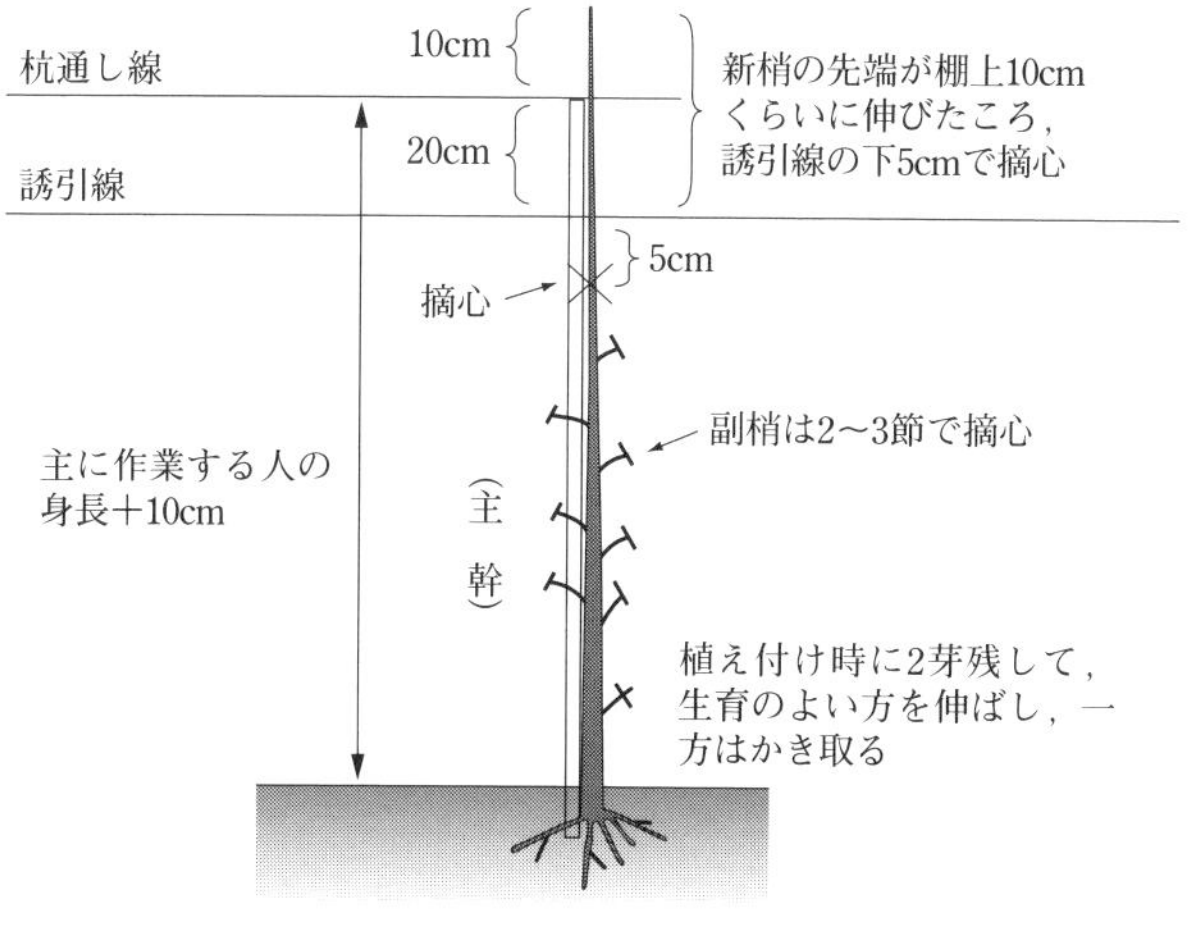

図3−9　主幹の設定と摘心

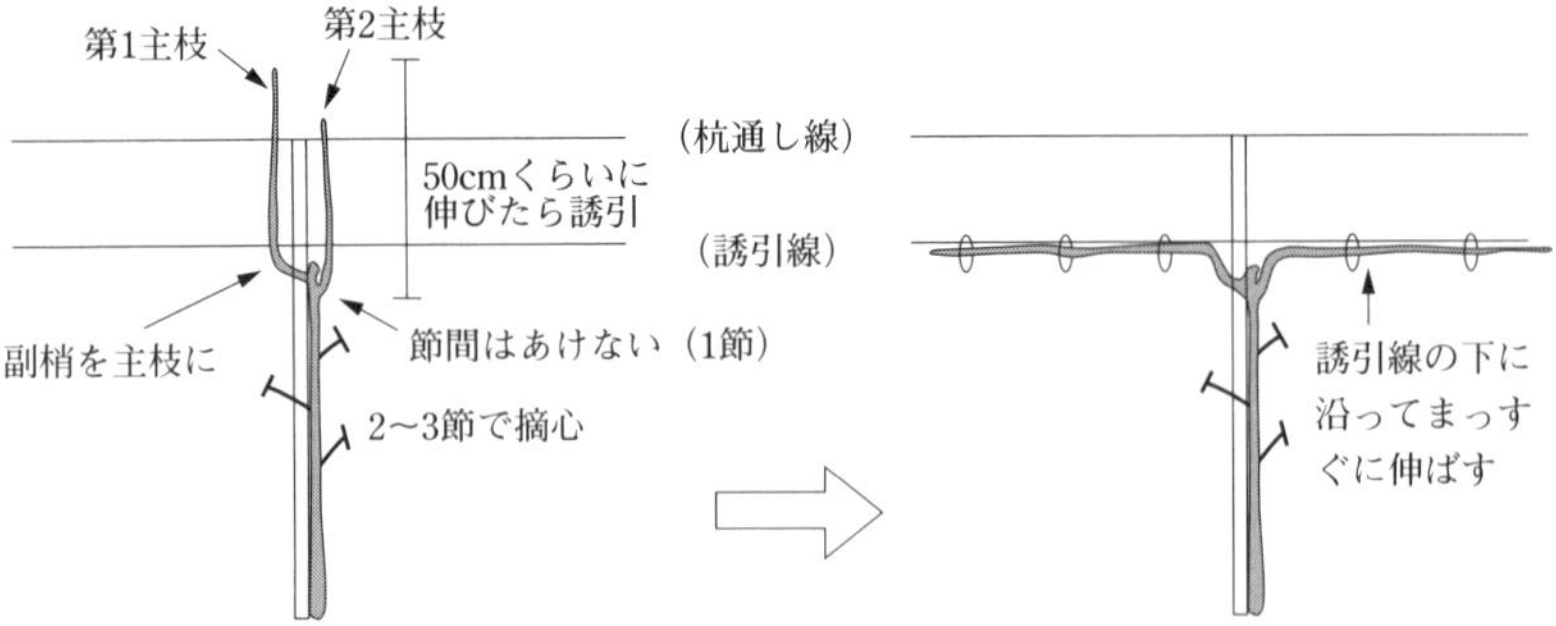

図3―10　摘心による主枝の設定と誘引（一文字仕立て整枝）

図3―11　主枝の設定と誘引

一文字仕立てでは，×印で摘心して→のように伸ばし副梢2本を主枝として使用する。
オールバック仕立てでは，①の新梢を摘心せずにそのまま下げて誘引する

が分岐部から誘引線下にすなおに誘引できなくなるので注意する。新梢から伸びる副梢のうち上部二節から発生したものを主枝候補枝とする。そして、上二節から出た副梢はそのまま真上に伸ばし、五〇センチくらいになったら誘引線の下に誘引して左右に伸ばす（図3―10、11）。

まだ新梢の誘引線の位置の節が伸びきっていない場合でも、節間の伸びを見込んで誘引線の下で摘心する。しかし、摘心後に節間が伸びて新梢の上部の節が誘引線を越えた場合は、誘引線にすなおに誘引できないので、誘引線の下から発生している副梢を主枝候補枝として利用する（図3―12）。なお、上の位置の副梢を残しておくと養分がとられて主枝候補枝の伸びが悪くなる

ので必ずせん除する。

②主枝の決定

前述のように新梢の上部二節から出る副梢を主枝とするか、先端の節から出る副梢を第一主枝、その下の節から出る副梢を第二主枝とする。先端の副梢が弱くて、二～三節目の副梢の生育がよくそろっている場合は、先端をカットしてこの節の副梢を主枝として利用してもよい。二本の主枝は連続した節からとり、節間を空けないのが基本であるが、空いてしまった場合は第二主枝は第一主枝よりも弱い副梢を利用し、第一主枝が負け枝になるのを防ぐ。

なお、第二主枝が負け枝となるが、四年目以降葉面積が同じとなり、次第に差がなくなるので、当初の負け枝は気にしなくてよい。

③主枝候補以外の副梢は二～三節で摘心

主幹部に発生する主枝候補以外の多

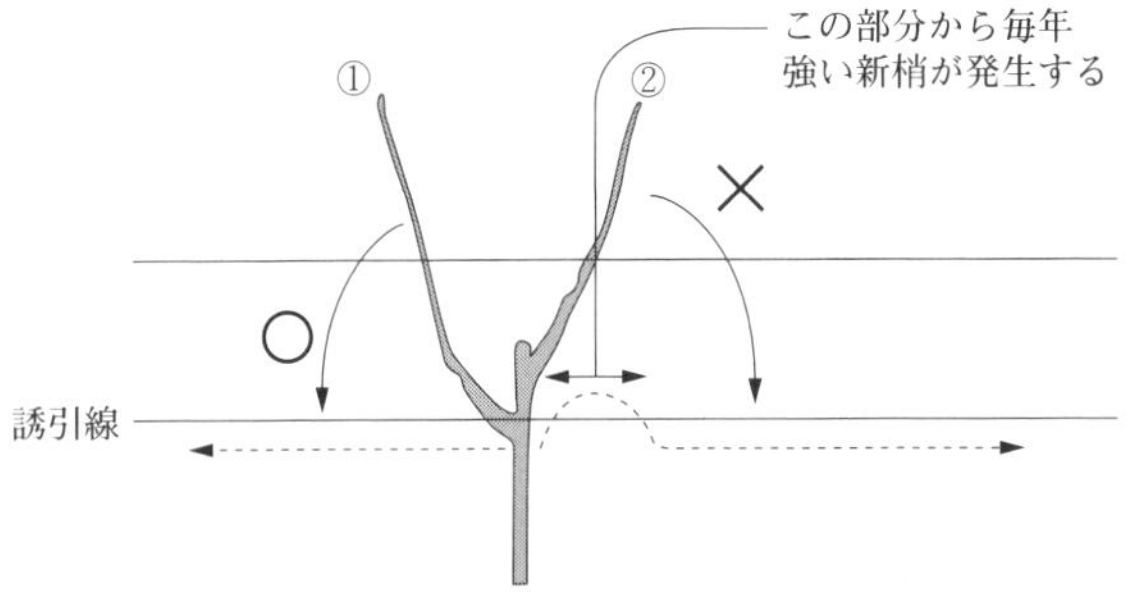

図3－12　誘引線を越えた副梢は主枝候補枝にしない

誘引線を越えてしまった副梢（②）を誘引すると①のように誘引線にすなおに誘引することができない。誘引線より高くなっている部分（←→）からは毎年強い新梢が発生する

図3－13　旺盛な樹勢の植付け1年目の主枝分岐部

主幹に発生する主枝候補以外の副梢は2～3節で摘心する

数の副梢は、生育初期の葉面積を多くして樹の充実をはかり根の発生を多くするため、二〜三節目で早めに摘心して葉数を確保する。しかし、樹勢が強い場合は伸長が旺盛で葉面積が十分確保できるため、発生部から整理してもよい（図3―13）。

図3―14　誘引した主枝と基部付近の副梢の摘心
主枝誘引線の下に沿って誘引する。主枝分岐部付近に強く出た2〜3本の副梢は第1支線を越えたら摘心する

図3―15　誘引した１年目の主枝
誘引線の下に沿って誘引する。巻きひげは指でつまんで取り除き，副梢は第１支線に平行誘引して樹勢が弱い場合は60cm，中庸か強い場合は1m前後で摘心

(2)　主枝の誘引と摘心

①誘引線に沿って左右に誘引

主枝候補枝に設定した副梢は必ず誘

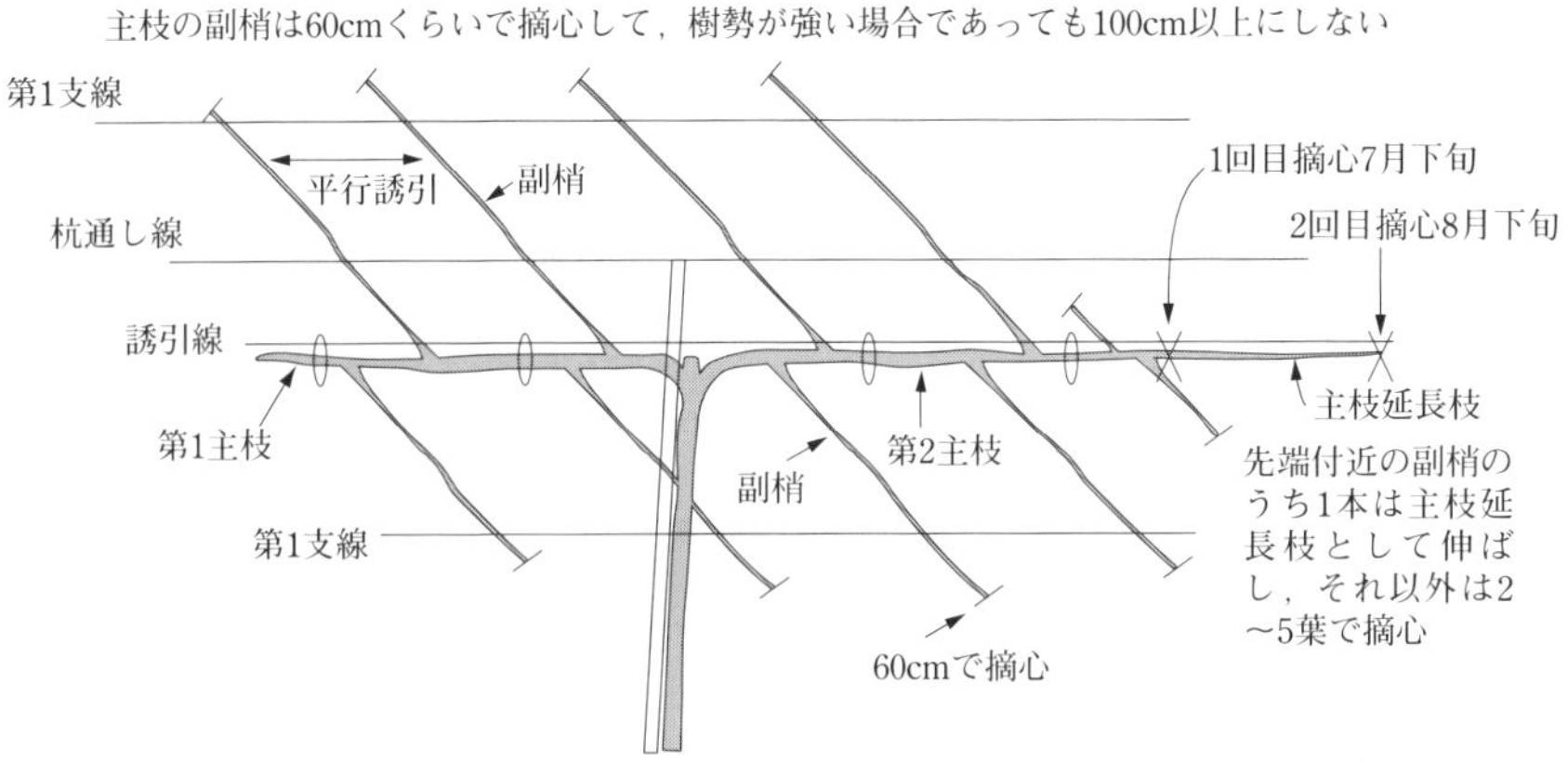

図3—16　植付け1年目の主枝の管理

主枝は7月下旬と8月下旬の2回摘心する。また，副梢は第1支線へ平行誘引して60cmで一律摘心する

引線の下に沿って誘引し、誘引線を左右や上下に巻き込まないようにする。巻き込んだままにしておくと、主枝が太るにつれて誘引線を食い込んでしまうことと、結果枝の発生位置が両側面でなく、左右がバラバラになったり上下からも伸びだすため、生育中の管理作業がしにくくなる。したがって、気づいた時点ないしせん定のときに、誘引線の下に誘引し直す（図3—14、15）。

②主枝の摘心は樹勢に応じて行なう

主枝の摘心は、樹勢が中庸～強い場合は、七月下旬と八月下旬の二回行ない、弱い場合は、八月下旬の一回とする。

一回目の摘心を七月下旬に行なう理由は、①生育が順調であれば二メートル以上に達しており来年必要な主枝長を確保している、②主枝から副梢が多く発生して葉面積が多くなり樹体の充実がはかれる、③成葉化が早くなり八月に多くなるベト病やスリップスの被害を少なくすることができる、④腋芽の花芽分化が基部まですすみ、充実がはかれる、などである。

なお、来年花房となる花芽分化は、本年の開花期ころ、新梢の七節目前後から始まり先端に向かって分化していく。そして、新梢先端が摘心されずに伸びていくと分化も先へ先へと（八月下旬まで）すすむ。しかし、摘心されると（七月下旬）、摘心位置まで分化がすすむと今度は最初に分化した節から基部のほうの節へ分化がすすみ、新梢の発生基部から先端部まで分化が行なわれることになる。なお七月下旬に摘心した場合、主枝先端部の副梢二～三本が強く伸びるが、先端の一本を誘引線に沿って伸ばし、他は二～三節で摘心する。

八月下旬以降は花芽の分化が悪く、伸ばしても主枝として使えないため、八月下旬に摘心して遅伸びを防ぎ貯蔵養分の蓄積をはかる（図3—16、17）。なお、樹勢が弱い場合は、主枝の長さも十分でないこともあり、八月下旬一回の摘心とする。

図3—17　樹勢の旺盛な1年目の摘心位置と伸び方
2m以上に達した7月下旬に摘心して基部付近に副梢を多く出す。花芽の分化が悪くなってくる8月下旬に2度目の摘心をする

③主枝のつくり直し

主枝候補枝にベト病がついた場合は、罹病部まで切り戻して、切り戻した先端部の副梢を主枝として設定しなおす。ベト病がついても主枝候補枝はそのまま伸び続けるが、冬の寒さで罹病部が凍害をうけて、そこから先が枯死してしまうためである。また、誘引や風などで折れた場合も先端の副梢を主枝候補枝として設定し直して伸ばす。

(3)　二年目から結果させるための主枝管理

二年目からよい房をつけ生産を上げるためには、結果母枝となる主枝と根の充実がポイントとなる。

①主枝から伸びる副梢は六〇センチないし一メートルで一律摘心

副梢を主枝候補枝として誘引するが、その枝からさらに副梢が伸びる。この主枝候補枝から伸びる副梢を摘心せずに伸ばした場合は、樹勢が旺盛となり、花芽や根の充実が悪く、主枝も太り細胞が大きくなるため、翌年の萌芽や房持ちが悪くなる。そのため、一年目に堅く充実した中庸の生育をさせることが重要であり、副梢の摘心管理は、光合成を高め、花芽や樹体の充実をはかるうえで欠かせない作業である。副梢は第一支線に届く段階で誘引、摘心するが、樹勢が弱い場合は六〇センチ、中庸か強い場合は一メートルで一律に行なう。

樹勢が強い場合に一メートルで摘心すると、葉数が多くて主枝が太ってしまうのではないかという疑問を持たれると思う。しかし、これ以上短く摘心したのでは、さらに強い副梢が伸び地下部より地上部が勝ってしまい、来年の萌芽率が悪くなる（ゴボウ根が多く細根が少ない場合はより強く現われる）。そのため、多少主枝が太っても（直径二・五センチくらいまで）、副梢の強い二次伸長を抑え、葉数を確保して根の発達と貯蔵養分の蓄積をはかり、翌年の萌芽をよくするのである。

図3─18　巻きひげは誘引時に指先でつみとる
まだ柔らかい発生初期であれば，二股の基部を指先でつまむだけで簡単に取り除くことができる

②巻きひげは誘引時に取り除く

発生初期の巻きひげは指先で簡単に処理できるが、そのままにしておくとせん定時には始末におえなくなる。また、バンプ病の越冬場所にもなるので、発生初期で能率の上がる副梢の誘引時に、巻きひげの先が二股に分かれている部分を指でつまんで取り除く（図3─18）。

4　一年目の冬季せん定

(1) 結実させながら樹をつくるせん定のポイント

主枝を太らせないためには、二年目から樹勢に見合った結実確保が必要で、そのためには、主枝をできるだけ長く利用するとともに、萌芽をより多くそろって出させることがポイントになる。最低でも一本の主枝に三〇～四〇芽はほしい。したがって、各樹の樹勢（充実）に見合った、主枝のせん定の位置が重要となる。なお主枝の途中にベト病の罹病部がある場合は、罹病部から先が冬季に凍みてしまうので、せん定時に罹病部まで切り戻す。

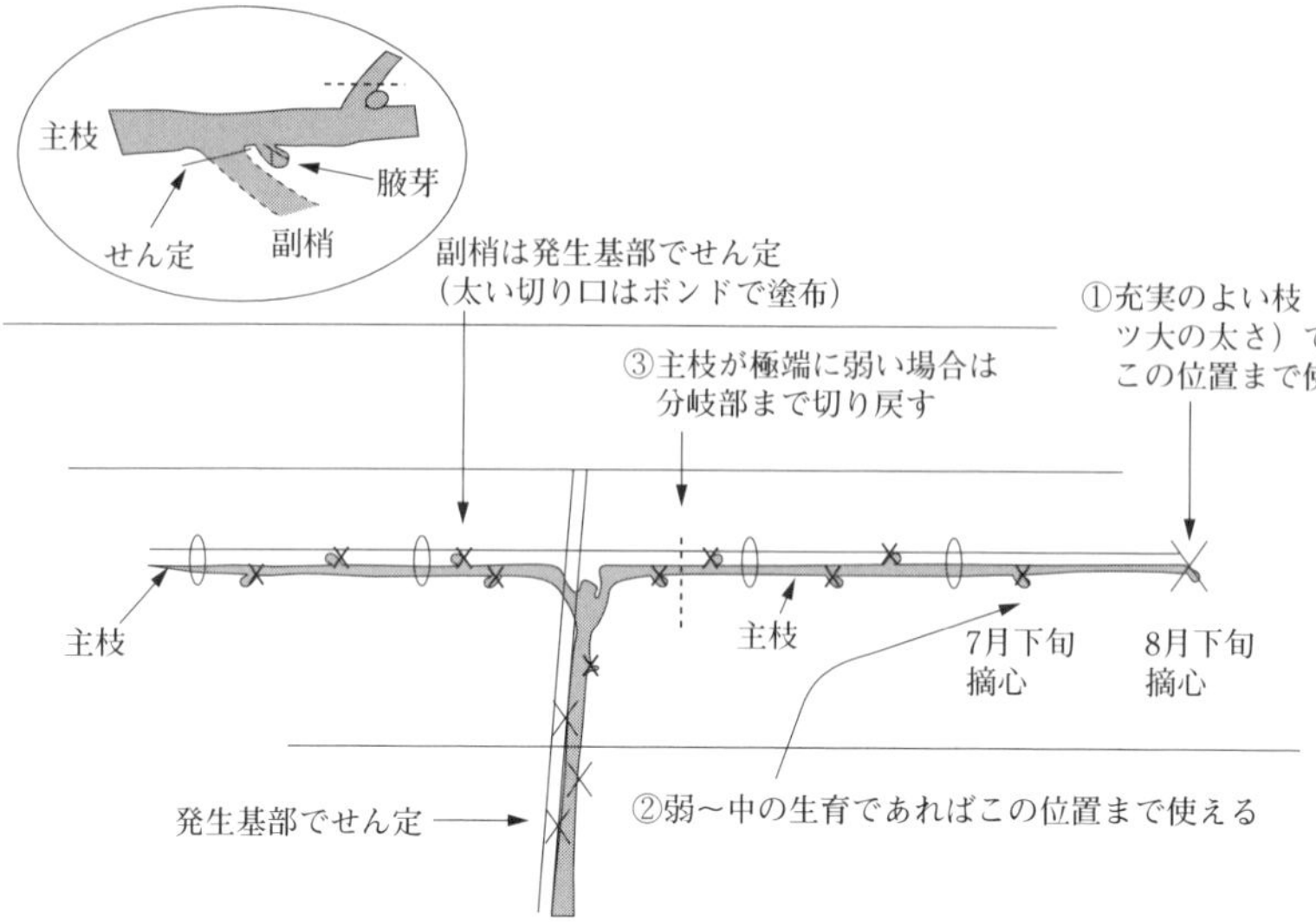
①充実のよい枝（エンピツ大の太さ）であれば
この位置まで使用する

図3―19　1年目の主枝と副梢のせん定

主枝のせん定は主枝の充実程度によって①②③の3通りがある

(2) 主枝は夏の摘心位置でせん定

七月の一回目の摘心位置がせん定の目安となるが、その後の生育がよく二回目の摘心（八月下旬）位置まで登熟がよくエンピツ大の太さがある場合は、その太さの位置まで利用できる。逆に、伸びが悪く長さが一メートル、太さがエンピツ程度で終わっている主枝は、主枝分岐の位置まで切り戻す。そのため、各樹の生育が不揃いの場合、主枝の長さもいろいろとなる（図3―19、20）。

図3―20　1年目冬のせん定前

登熟がよく腋芽も充実しているので8月下旬のピンチ位置まで使用する

(3) 副梢のせん定と巻きひげの除去

摘心で六〇センチから一メートルまで残していた副梢は、葉面積を多くし樹体と腋芽の充実をはかり、次年の萌芽をよくするために利用していたが、その役目を終えたので図3—19、21のようにすべて発生基部でせん定する。なお、主枝も同様であるが、切り痕の大きい部分には癒合剤（木工用ボンド）を塗布する。萌芽率の悪いロザリオ・ビアンコなどの品種は切り痕すべてに塗布する。

巻きひげは、副梢の誘引時に処理しても、その後発生した巻きひげが、支線に絡まりついている。前述したように、巻きひげにバンプ病が越冬して翌春の第一次の発生源となるため、きれいに除去する。

図3−21　1年目冬の副梢のせん定

主枝のせん定後，すべての副梢を腋芽を残して発生基部でせん定する。切り痕には癒合剤（ボンド）を塗布

5 二年目の主枝の萌芽をそろえる

短梢栽培では結果枝の発生部位が固定されており、結果枝の発生数で着房数がある程度限定されるので、節間を短く育て、翌年の萌芽率をいかによくするかがポイントとなる（図3—22）。

(1) 二年目の萌芽の不揃いは一年目の生育の反映

春、休眠がさめ、地温が上がってくると根が活動を始め養水分を吸い上げる。その膨圧によって細胞を通して貯蔵養分とともに、根からの養水分は順次上に押し上げられ萌芽・展葉となる。そして萌芽・展葉を始めると、葉が光合成を始め同化産物を根に送り、

図3－22　植付け1年目冬のせん定後

順調に生育すれば，主枝の長さ片側3メートルは使用でき，来春に多くの萌芽が確保できる

図3－23　萌芽（ピオーネ）（催芽・芽傷処理なし）

催芽・芽傷処理をしなくても，頂部優勢性がゆるやかに働き，平らな萌芽となる

根の活動を活発にさせるとともに葉からの蒸散により水が大気中に出る。この大気中に出る水の量によって、根からの養水分の引き上げられる量が違ってくるため、細胞圧を高めるための貯蔵養分を貯えることと、新梢の管理（光合成が十分行なえる）が重要となる。

萌芽は貯蔵養分が分解し移動することによって行なわれるものであり、冬芽の中の主芽に養分が移動し、鱗片を中から押し上げて萌芽となる。そのため、前年の新梢管理でベト病防除の対策が悪く貯蔵養分が不足していたり、夏の摘心位置よりも短い位置でせん定するなど、冬の切返しせん定が強すぎると、萌芽の生理が狂い（頂部優勢性が強く出てしまい）、萌芽の不揃いや主枝基部の萌芽不良になりやすい。

(2) 充実した主枝なら長くても萌芽はそろう

一年目につくった主枝は二年目の結

果母枝になる。主枝が長く（三〇～四〇芽）なると萌芽率や新梢の揃いが悪くなると思っている人が多いが、摘心と病害防除の夏季管理を徹底してT／R率を小さくし、充実した腋芽と樹体をつくっているので、むしろ主枝を長く使うことで、頂部（芽）優勢性がゆるやかに自然に働き、図3―23、24のように主枝の基部から先端部までそろった萌芽となる。

逆に四〇芽ある主枝を半分の二〇芽に短くせん定すると、先端部への細胞圧が早くからかかるので、頂部優勢性が強く出てしまい、図3―25のように先端に強い芽が発生（飛び出し芽）し、かえって萌芽不揃いや萌芽率も悪くなる。そのため、萌芽をそろえるための催芽剤や芽傷処理にたよらなければならない。また、登熟のよい充実した腋芽が四〇芽あるのを二〇芽に減らすことは、新梢（結果枝）とともに着房数も半分になることであり、新短梢栽培の目的である主枝を太らせないで初期収量を上げることに反することにもなる。したがって、主枝の強い切返しせん定は、根張りが弱く主枝伸長の悪

図3－24　主枝分岐部の萌芽（巨峰1年枝）

主枝分岐部の新梢の伸長が抑制され，主枝先端部までそろった新梢が伸長するような樹勢が望ましい

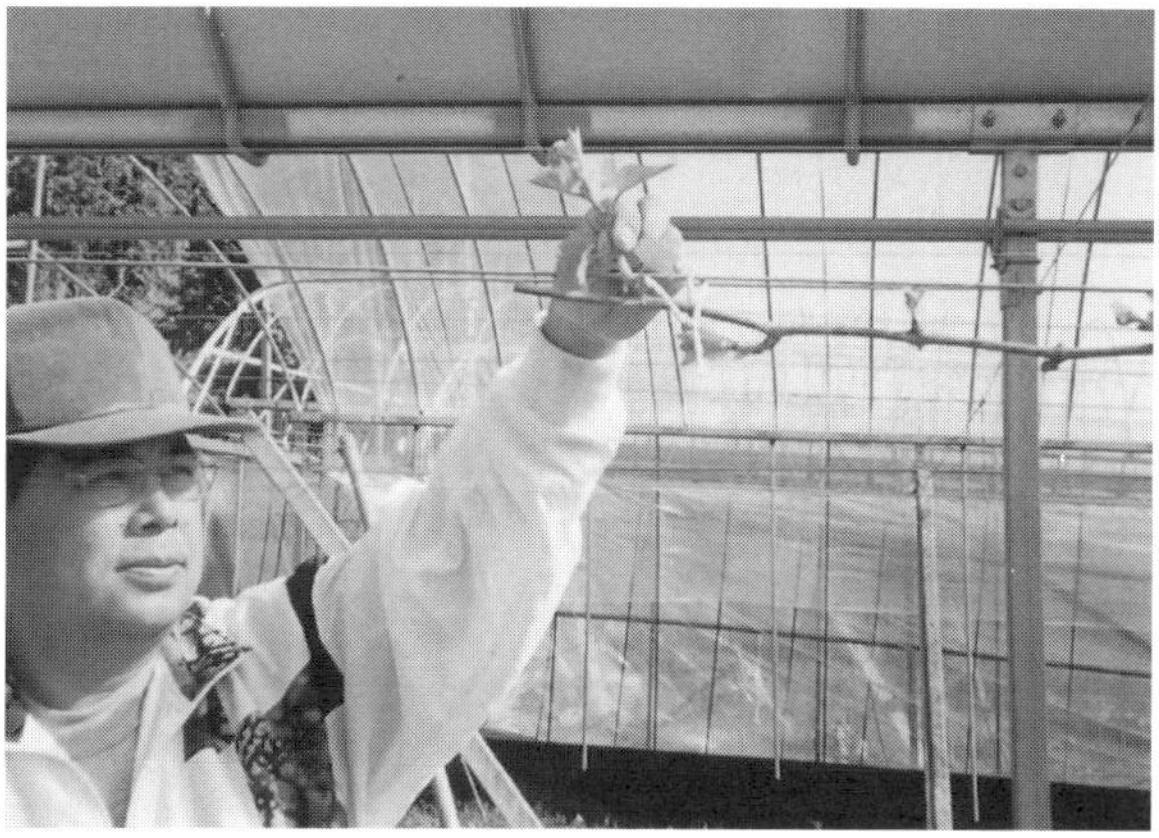

図3－25　飛び出し芽のかき取り

主枝先端部に発生した飛び出し芽は早めにかき取り，副芽かとなりの主芽を利用する

い樹や、登熟不良の主枝などで用いる以外は行なわない。

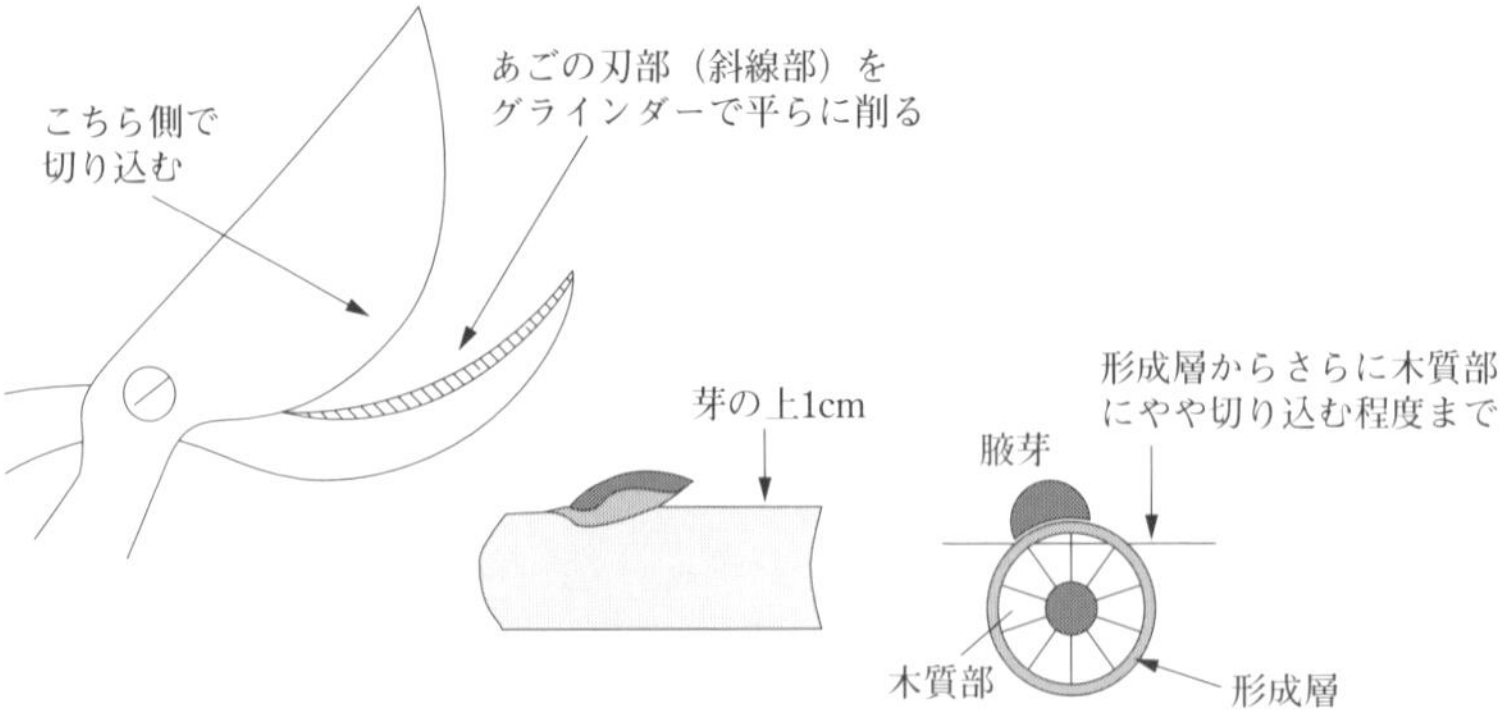

図3－26　せん定バサミを改良した芽傷バサミと芽傷処理

芽の上1cmのところを形成層まで切り込む

図3－27　催芽剤＋芽傷処理による萌芽

(3) 催芽剤・芽傷処理による萌芽促進

短梢せん定では、二年目の主枝の萌芽不良は結果枝の減少と収量減に直接結びつく。したがって、生育が旺盛で登熟の悪い枝、萌芽率の悪いロザリオ・ビアンコ、発芽の不揃いや基部近くの萌芽不良をおこしやすいピオーネなどでは、安全を兼ねて催芽処理剤や芽傷処理を行なうとよい。しかし、ほとんどの品種では、一年目に葉が健全で登熟がよく生殖生長型の生育をしていれば、主枝を長く使うことで萌芽数を確保でき、催芽処理をしなくてもよい。

①催芽剤処理の判断と方法

催芽剤処理は、樹勢の弱い樹と強い

図3－28　主芽，副芽の利用

腋芽から主芽と副芽が発生した場合，棚を暗くしないようにしながら両方とも誘引する

樹に行なう。なお、弱い主枝の目安は基部の太さが直径一センチ以下、強い主枝の目安は基部の太さが二センチ以上である。樹勢の弱い樹は、催芽剤処理をしなくてもほとんど萌芽してくるが、根の力が弱いため萌芽後の伸長が弱く不揃いとなりやすい。そのため、窒素の補給を兼ねて新梢の伸びをよくするために、先端二～三芽を除いた枝全体に処理する。

樹勢の強い樹は、利用する主枝が太くて長いため、主枝の基部近くや中間部で萌芽不良をおこしやすい。そのため、主枝の長さの二分の一以下の基部寄りの部分に催芽剤処理する。

催芽剤は、メリット青の二倍液をメリットローラーにつけて枝をはさんで回転させるか、軍手を二枚重ねではめて塗布する。あるいは小型の噴霧器を用いて枝の両サイドから散布してもよい。塗布時期は、萌芽率を高めることが目的なので、厳寒期を過ぎ樹体が水揚げを始める前の二月下旬と水揚げ後の三月中～下旬ごろがよく、処理後二日間は晴れの続く日に行なう。

②芽傷処理の判断と方法

芽傷処理を主枝の芽すべてに行なうと、樹勢を弱くし主枝先端の新梢の伸びも悪くなり、萌芽後の生育不良をおこしやすい。そのため、樹勢が強く太い主枝の基部から中間部にかけて、部分的に（二芽処理して一芽空ける）処理する。芽傷処理した芽が動かなかった場合その芽は枯死するため、萌芽率の高い樹勢の弱い樹や中庸な樹には行なわない。なお、催芽剤処理した芽や無処理で萌芽してこなかった芽は生きているので、翌年催芽剤処理（メリット青の原液）と芽傷処理を併用して行なうと発芽しやすい。

芽傷処理は、水揚げ前の二月下旬～

三月上旬に芽の上部一センチの部分に芽傷処理専用器具のメデールやせん定バサミを用いて、形成層まで切り込む。芽傷処理が早すぎると乾燥して、また遅すぎると芽が樹液で濡れてカビが発生して、枯死するので注意する（図3—26、27）

(4) 萌芽した主芽・副芽とも利用する

T／R率が小さく枝の登熟がよいと、図3—28のように主芽、副芽がともに萌芽してくるので棚が暗くならない限り芽かきせずに両方を誘引して利用する。根の力が十分に（地上部より優っている）あるため、両方使用しても新梢は充実して伸び、それだけ葉面積がふえるので、同化物質の生産も多くなり樹体も充実する。そして、翌年の結実確保につなげられるため、誘引して棚が暗くならない限り使用する。

6 二年目の生育と管理

(1) 主枝先端の伸長

①先端部の新梢の中から一本選んで伸ばす

基本的には、先端から発生する芽を誘引・伸長させる。しかし、図3—25のように角度の狭いドブズル型の芽（飛び出し芽）が早く動き出している場合は、主枝分岐部に近い芽が萌芽不良となりやすいので、この芽を早めにかき取り副芽かその下方の節の芽を用いる。また、先端の新梢が弱く、下方の節から発生している新梢のほうがよい場合は、弱い新梢を早めにかいて下方の新梢への切替えを行なう。

②主枝の伸びが悪いときの手だて

根の発達が弱い場合や、貯蔵養分が少ない場合、さらに乾燥などで展葉五～六枚以降の伸びが悪い場合は、たっぷりの灌水と尿素の〇・三～〇・五％の尿素液を葉面散布（三～四日おきに二～三回）する。

造成地などで地力がなく、生育初期から葉の緑がうすく新梢の伸びが悪い場合は、株元の半径一メートルを堆肥（鶏糞四キロでもよい）でマルチして灌水を行なう。また、新梢（結果枝）が強くて主枝の伸びが抑えられている状態では、結果枝の摘心を養分転換期にあたる本葉七～一〇枚のころ（第二支線到達前）に行なう。二年目から結実させるため、着房数が多く樹の負担過多で新梢の伸びが悪い場合は、早めに摘房して樹の負担を軽くする。

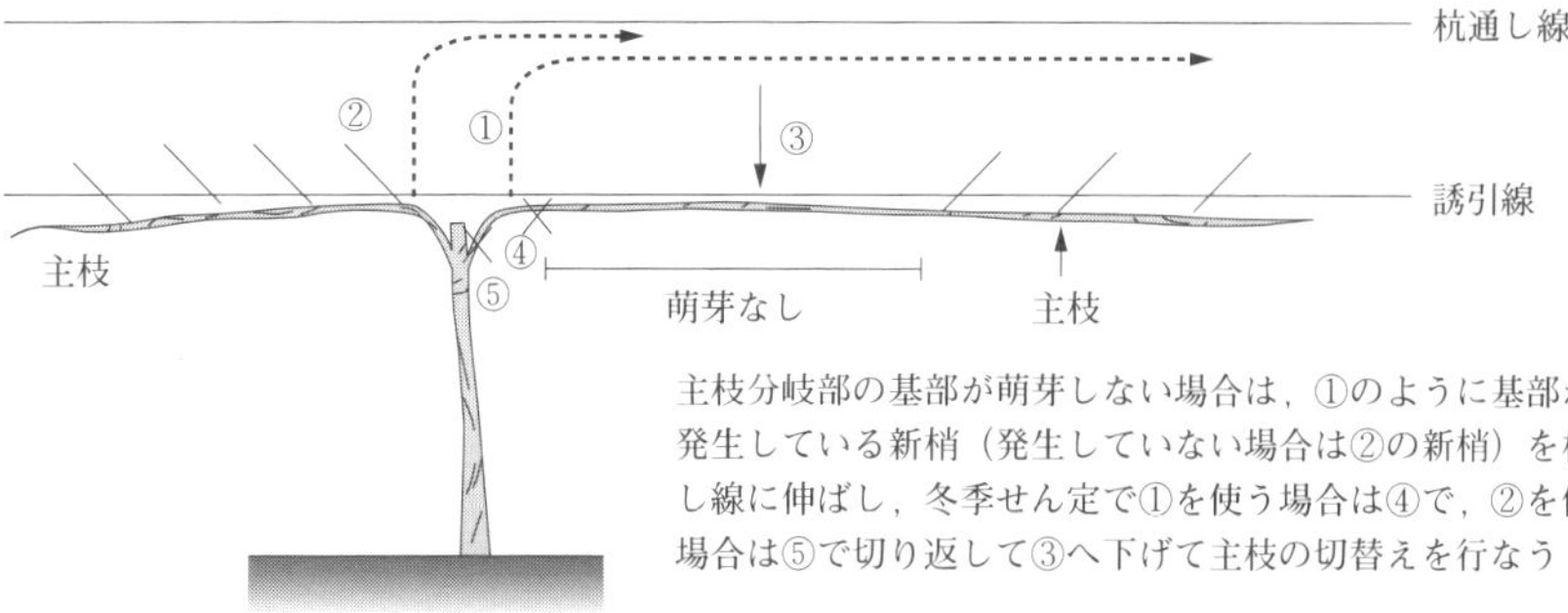

主枝分岐部の基部が萌芽しない場合は，①のように基部から発生している新梢（発生していない場合は②の新梢）を杭通し線に伸ばし，冬季せん定で①を使う場合は④で，②を使う場合は⑤で切り返して③へ下げて主枝の切替えを行なう

図3－29　主枝の切替えの方法

(2) 主枝の基部が一メートル以上萌芽しないときの手だて

地上部に対して根の力が弱い場合や、登熟不良、萌芽前の灌水不足などが原因で、主枝の基部が一メートル以上萌芽しないことがある。こんな場合でも来春（二年枝）の休眠芽に芽傷処理をすれば必要芽数は確保できるが、萌芽不良の芽が多く芽傷処理だけでは不安な場合は、基部近くで発生している新梢かもう一方の主枝からの新梢を利用して杭通し線の下に沿って伸ばして養成し、冬季せん定で主枝の切替えを行なう（図3―29）。生育ステージは一年遅れとなるが、根が発達しているため、各芽に十分な養分が供給されるので翌春の萌芽はよくなる。

(3) 二年目の着果の判断

①五〇センチ以下の新梢（結果枝）は摘房する

二年目の新梢（結果枝）は、来年の結果母枝となり側枝として長く利用するため、一回目の誘引時に五〇センチ以下のものは摘房して、翌年のために枝の充実をはかる（図3―30、31）。

②目標収量の設定と結果調整

第二支線を越えた新梢は一結果枝に一房として目標収量の計算を行なう。しかし、二年目は生産を上げるだけでなく主枝を伸ばし、樹体の充実をはからなければならない。そのため、目標収量を目安に、それぞれの樹勢に見合った着房数（重量）に調整しなければならない（表3―2）。

目標収量よりも多すぎると、玉張りや着色が悪くて糖度も上がらず収穫も

図3－30　2年目の着房，短い弱い新梢は無着房

1回目の誘引時に行なう摘房の判断（2年目）

第1支線まで届かない短く弱い新梢は摘房し無着房の空枝とする。×印は本来摘房すべき房

遅れ、主枝（新梢）の伸びや登熟も悪くなり、成園化が遅れるので注意する。逆に目標収量よりも少なすぎると、玉張りよく収穫も早く上がるが、樹勢が強くなり摘心などの夏季管理の徹底が必要となる。

二～三年目は、生産を上げながら樹

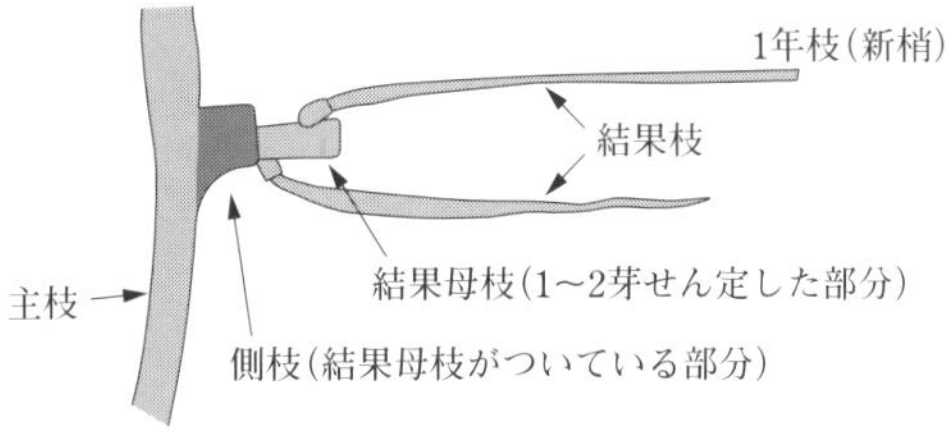

図3－31　新短梢栽培での各枝の配置

表3－2　目標収量の目安の計算

（主枝間2.2mの場合，平均房量は400～600g）

植栽本数		1樹平均新梢数	総結果枝数	平均房量		目標収量
33本	×	35本	＝1,155本	×450g	＝	519kg

体づくりをはかるため、収量は目標収量よりやや少なめに計算し、摘房などの各樹ごとの結果調節が大事となる（図3―32）。

(4) 新梢（結果枝）の誘引

新短梢栽培では、主枝の登熟がよくなるため、腋芽から主芽と副芽の両方が発生することが多くみられる（とくに巨峰系品種）。主枝が細くて弱い場合は副芽を早めにかき取り主芽を伸ばすが、強い場合は副芽も利用して貯蔵養分の浪費による樹勢調整をはかる。そして、新梢数が多すぎて棚が暗くな

図3―32　植付け2年目の着房状況（35房）

図3―33　新梢の振り分け（6年生枝）
新梢が杭通し線を越えたころ，主枝のよじれを防ぎ，結果枝を両側面にそろえるため，発生側（杭通し線の左右）に振り分ける

図3―34　新梢の振り分けと芽かき作業の様子
樹勢が弱い新梢の振り分け作業の時に芽かきを行ない，新梢をそろえる

図3―35　新梢誘引時期の目安

振り分けと芽かきを行なった後に，展葉数が6枚以上で，2番目の巻きひげが発生したころ，誘引を開始する

図3―36　誘引時期の目安

棚上からみた，1回目の誘引前のピオーネ（樹相は中庸）。第1支線へ誘引できる55cm以上の長さが必要である

るときは、新梢の振り分け時や誘引時に整理するが、少ないより多めに残したい。

①新梢を左右に振り分ける

主枝の腋芽から発生した新梢が真上に伸びて、棚面の杭通し線を越えたころ、左側から出た新梢が線の右側に、右側から出た新梢が左側にと交差しているものがあるので、図3―33・34のように発生側に振り分けて戻す。振り分けの時期が遅れるほど、作業効率が悪くなると同時に新梢を折ることになるので、杭通し線を五センチほど越えたころに一～二回行なう。振り分けることで、主枝のよじれが生じず、伸びた新梢が風にあおられても、杭通し線で止まるため結果枝が両側面にそろうことになる。

なお、このとき第一支線に届きそうもない新梢の房は摘房する（「(6)『一新梢一果房』を原則に摘房」を参照）

また、新梢の発生数が多い場合や樹勢が弱いときは、極端に強い新梢や弱い新梢、房を持っていないものを芽かきして、残した新梢の伸びをはかり、揃いをよくする。

②新梢の誘引時期は展葉六枚以上が目安

棚面の第一支線から杭通し線まで五〇センチの幅では、新梢の発生部から第一支線まで五五センチある（図3—38参照）。そのため、誘引時の新梢は五五センチ以上の長さが必要である。五五センチ以上伸びるころになると新梢の発生基部が硬化しているので、誘引作業での新梢の欠損はほとんど生じない。したがって、誘引時期の目安は、図3—35・36のように展葉数六枚以上で、二番目の巻きひげが発生しているころとなる。誘引時期が遅れると巻きひげが絡み、誘引の能率が悪い。早すぎると新梢の発生部から欠けやすく、図3—37のように首つり誘引（誘引部の節間が伸びてねじれてしまう）となって、後でやり直さなければならなくなる。

図3−37　無理な誘引（首つり）は二度手間

節間が十分に伸びきる前に誘引したため，その後節間が伸びて首つり状態となっている

③新梢は平行誘引して受光率の高い結果枝に

新梢が誘引できる長さ（五五センチ以上）に伸びたら、一斉に第一支線に必ず平行誘引する。平行誘引することは、本葉枚数が一〇～一二枚（樹間二・二メートルの場合、樹間三・三メートルでは一四～一六枚）のこの栽培では、葉の光合成能力を高め、物質生産をあげるうえで大変重要である。また新梢伸長を抑制することにもなり、新梢の摘心後発生する副梢の管理作業がしやすくなる（図3—38・39・40・41）。

④強い新梢は捻枝して誘引

主枝分岐の基部近くや部分的に発生する強い新梢は、枝の伸びを抑えるた

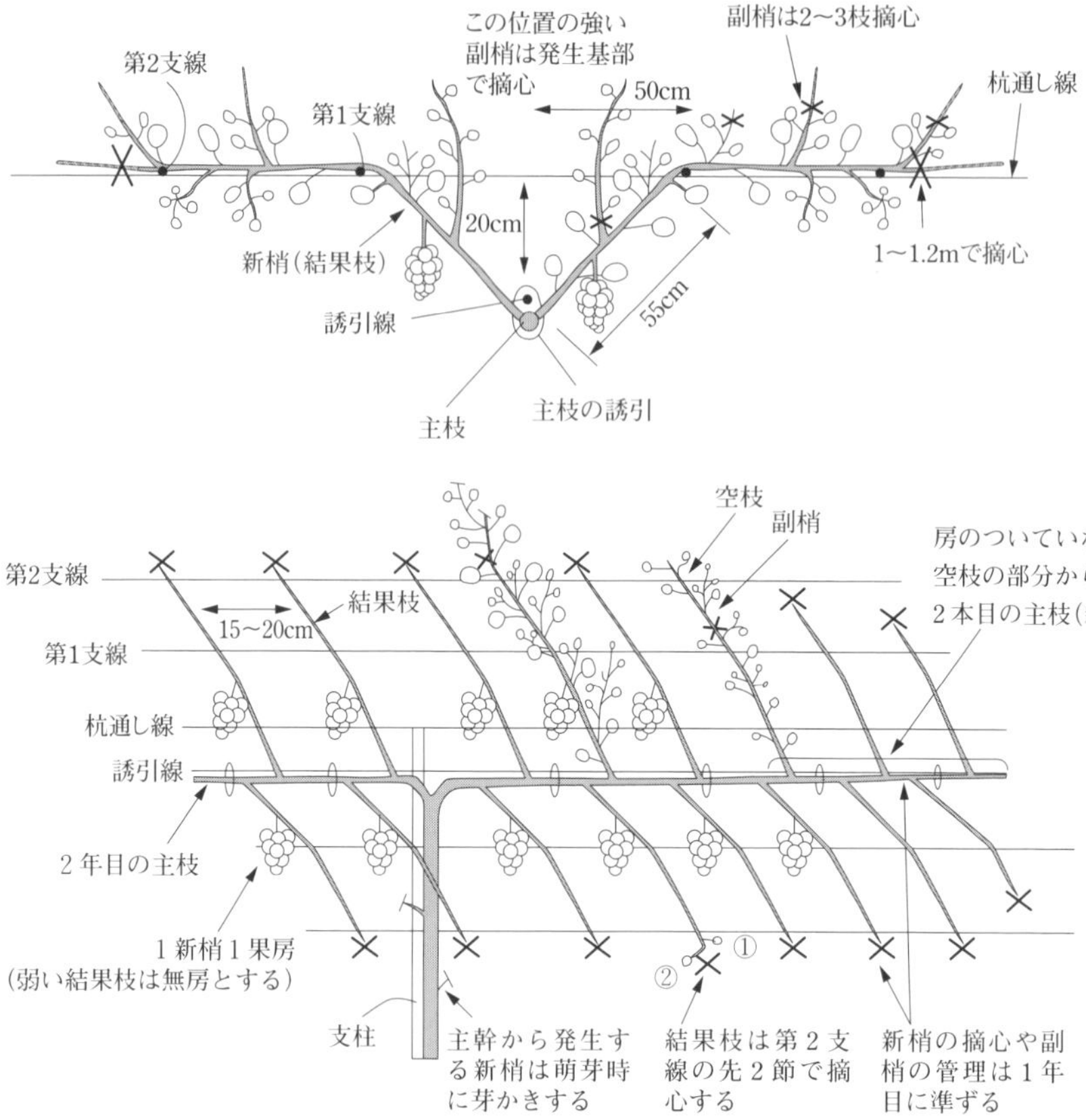

図3－38　2年目の新梢管理と整枝

図3－39　誘引直後の新梢の様子

平行誘引で光線利用を高め物質生産を多くする

めに、第一支線誘引時に図3—42のように、二〜四節目を捻枝（七〇〜一八〇度ねじる）して誘引する。パキッと音がしたり、割れ目が生じてもさしつかえない。

⑤誘引作業と同時に巻きひげの除去

誘引作業は、短い期間に集中する作業となるが、誘引時には巻きひげが二〜三本発生しており、誘引作業と同時に巻きひげの分岐部を指先を使って取り除くと、簡単で能率が上がる。残しておくと副梢整理など後々の作業が大変で手間がかかる。

⑥誘引は枝の折れにくい品種から

巨峰系の四倍体の品種に比べて、リザマートやロザリオなど欧州系の品種は、新梢に柔軟性があり、節間も長くて誘引の目安の長さに早く達するので、これらの品種から始める。欧州系の強い品種→米国系品種→四倍体品種の順に誘引するとよい。

図3—40　平行に誘引されていない新梢の様子

平行誘引をしないと葉が重なり受光率が低下する

図3—41　棚下からみた，誘引後の新梢の様子

主枝1m当たり10〜12本（15〜20cm間隔）の新梢を平行誘引することで，葉に日光が十分にあたる樹体となる

図3—42　樹勢の強い新梢は捻枝して誘引する

上方へ強く伸びた新梢は2～4節目を70～180度ねじり曲げて誘引する

⑦欠損部の結果枝を補う

誘引作業で新梢が欠けたり、腋芽の発生がなく結果枝の確保ができない場合は、図3—43のように、同じ側または反対側に発生している新梢を曲げて誘引し欠損部を補う。

(5) 新梢（結果枝）の摘心（カット）

新梢（結果枝）の摘心（カット）は、結果枝の長さをそろえ、成葉化を早めて、本葉（一〇～一二枚）での物質生産を早くから房に転流させ、花房の伸長や果粒の肥大促進と結果枝基部の花芽分化を促すために行なう。

①新梢の一律カットは樹勢に合わせて行なう

新梢の一律カットは第二支線を越えたところで行なうが、二通りの方法がある。

一つ目の方法は、図3—44のように、一回目のジベレリン処理前の房づくりのときに、第二支線を越えている新梢を同じ長さでカットし、届いていない新梢は、その後越えてからカットする方法である。利点は、新梢の無駄な伸長をなくして房への養分転換をはかるため、花振るいが少なく果粒の肥大が早いことである。欠点は、樹勢が強いと摘心したあとで副梢の発生が多くなるため、副梢の摘心などの新梢管理に労力を要するようになる。また、着粒がよく果粒の肥大が早いので、予備摘粒を早めに必ず行なわないと、仕上げ摘粒に多くの時間をかけることになる。

二つ目の方法は、図3—45のように、二回目のジベレリン処理前後の時期に強い切戻しを行なう方法で、新梢が第二支線を越え反対側の第一支線に届くころに、主枝間の中央部で左右双方の交差している枝をカットする。利点は、新梢の強いカットで根の伸びも抑えられることと、カット時に房の加重が始まっているため、副梢の発生が少なく伸びも弱くなり、その後の新梢管理がしやすいことである。欠点は、棚面が暗くなることと、新梢の伸長に同化物質を消費するため新梢によっては軽い花振るいをおこしやすいことである。

中庸の樹勢であれば一つ目の方法でよいが、樹勢が強く一回目のGA処理前の摘心で強い副梢の発生が多く見込まれる場合は、摘心時期を遅らせて、摘心作業の省力化と樹勢を抑制するために、二つ目の方法で行なう。

2芽せん定・新梢をまわして誘引した様子

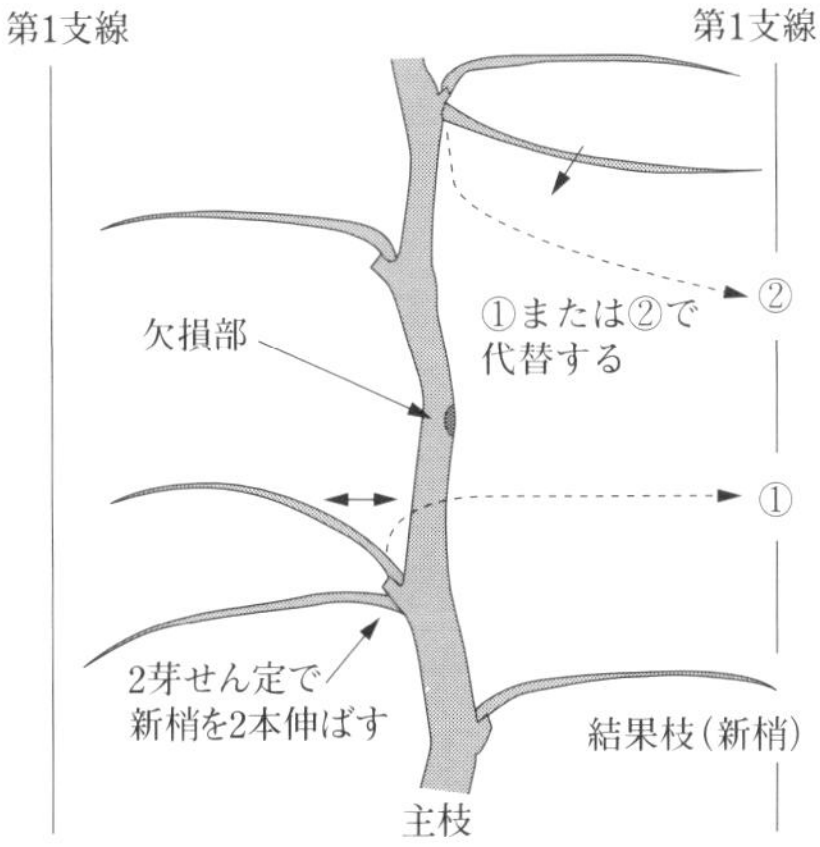

結果枝を返すやり方より簡単で，しかも発生する新梢（結果枝）がそろう

図3—43　欠損部の措置
以前の結果枝を返してバイパス（側枝）をつくるやり方に比べて簡単で，しかも発生する新梢（結果枝）がそろう

②種ありでは結実前期には一律カットしない

種あり栽培では、結実期前の新梢カット（摘心）は行なわない。結実期前に行なうと、花振るいが少なくて、種なし果やショットベリー（小粒果）が多くなり、摘粒に時間がかかる割に、形状のよい房が得られない。種あり栽培での一律カットは、図3—46のように、花振るいがすすみ、結実を確認した後で果粒がマッチの頭大になった時期以降（二回目のジベレリン処理以後）に、主枝間の中央部で行な

う。摘心というより枝を切り落とす感じで、切り落とされる新梢は五〇センチ以上にもなっている（「①新梢の一律カット」の二つ目の方法に準ずる）。

③結果枝先端から発生する副梢の摘心

結果枝の一律カット後に副梢が発生するが、三〇センチ以上に伸びそうな副梢は二～三芽残して摘心する。その芽から発生する孫枝が、一〇センチ程度（本葉二～三枚）で七月上旬に止まるのが、樹相として望ましい。しかし現実は思うように止まらないため、摘心作業に手をかけることになる。図3―47・48・49のように結果枝の先端一～三節から発生する副梢（樹勢が強いと多く、弱いと少ない）は、結果枝が一メートル以上（本葉一二枚以上）ある場合、副梢の葉が三～四枚時に発生部から切り落とす（図3―50）。結果枝が一メートル以内で弱い場合は、二～三枚残して摘心する（図3―51）。いずれにしても、ジベレリン処理時の

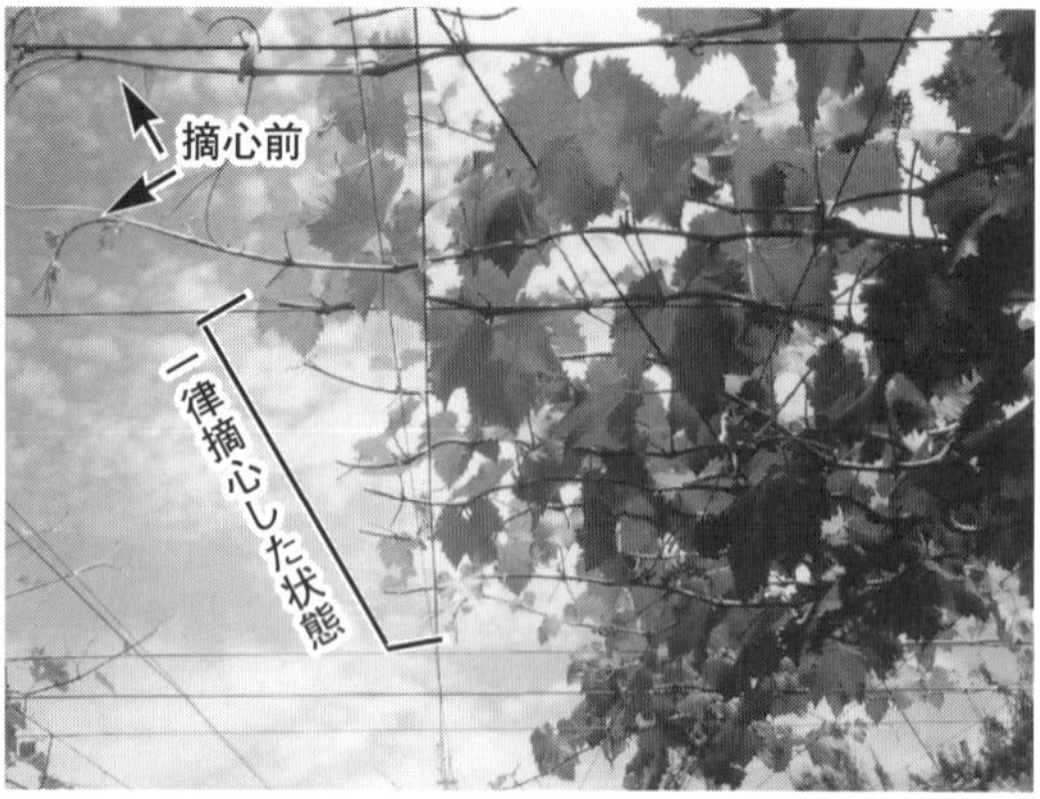

図3―44　1回目ジベ処理前に行なう一律摘心前後の状況
第2支線を越えている新梢を一律摘心する

図3―45　2回目ジベ処理前後に行なう一律摘心
上：一律摘心前の状況，下：一律摘心後の状況

満開から満開直後は、余分な栄養生長をさせないことが結実確保と果実肥大の要因となるため、副梢の摘心で生長点を減らして、葉の同化物質を房に転流させる。

④結果枝の途中に発生する強い副梢は結果枝のカット時に摘心

巨峰系の品種では、本葉六〜八枚の節（結果枝の中央部）に強い副梢が発生する。そのまま放置すると平行誘引した結果枝の上に伸びて棚を暗くするため、結果枝の一律カット時に三〜四枚残して摘心する（図3―50）。

⑤主枝誘引線から第一支線の間に発生する副梢の処理

一回目の誘引作業で、真上に伸びていた新梢を水平に平行誘引するため、誘引線から第一支線までの斜めに伸びているところに、強い副梢が発生することがある。この副梢をそのまま放置

①リザマート（種あり）の一律摘心前の様子
種あり栽培の一律摘心は結実確認後に行なう

②リザマート（種あり）の一律摘心後の様子

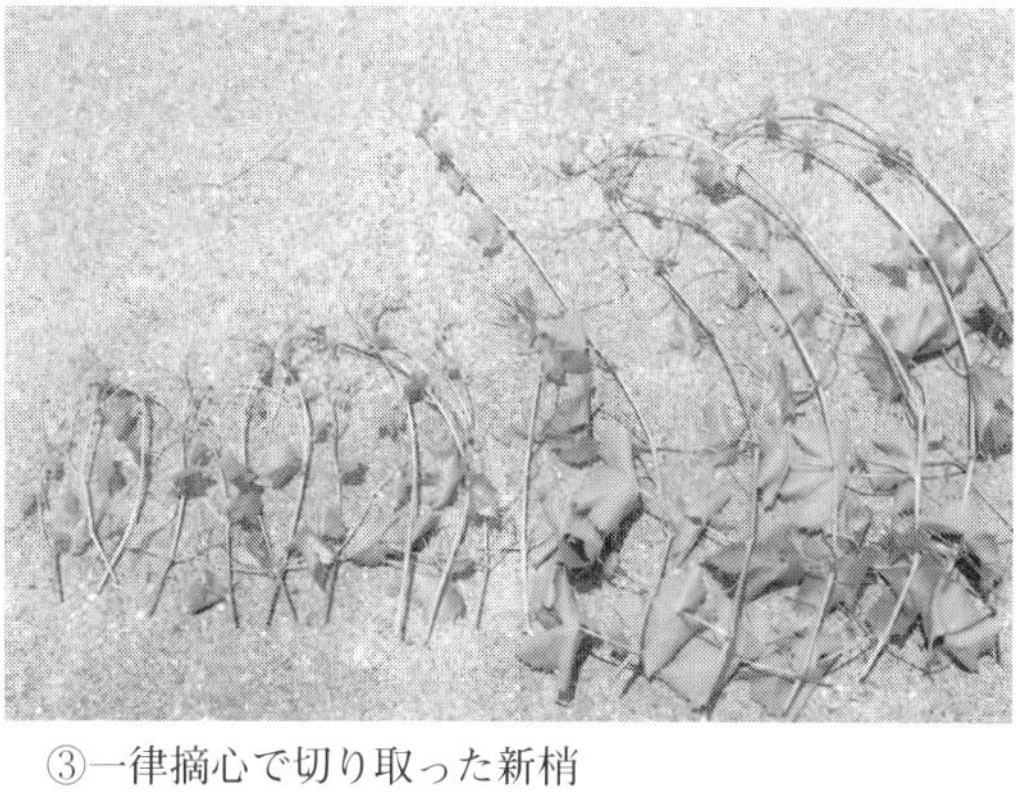

③一律摘心で切り取った新梢
長さ50cm以上の強い摘心となる

図3―46　種あり栽培での摘心（リザマート種あり）

図3―47　副梢の発生状況
新梢（結果枝）摘心後、先端部から副梢が発生している（樹相は中～強）

図3―48　副梢の摘心
先端の強すぎる副梢や多すぎる副梢は副梢の葉が3～4枚時に基部から整理する

すると結果枝を負かしたり、棚面を暗くするため、二回目の誘引を行なうところに、発生基部からかき取る（図3―51）。

図3―49　先端の中庸（左）な副梢は摘心、弱い副梢（右）はそのまま

⑥果実がベレーゾン（水揚げ）期に入る前に摘心

ベレーゾン期に入る前に新梢の伸長が止まり、光合成物質が果実に転流する樹勢が適正樹相である。この時期に伸びている副梢や孫枝は、光合成生産物を消費しているので、果実がベレーゾン期に入る前に成葉が出ている節（棚面から三〇センチ以内の長さ）で切り取る。ベレーゾン期に入ってから処理したのでは、糖度の上昇が遅れ、着色障害などの生理障害につながるので、強い摘心は行なわない。先端をつむ程度の軽い摘心とする。

なお、ベレーゾン期に入っても伸長し棚が暗くなる状態の場合は、この時期の強い摘心や枝の切戻しは避ける。そして着色が八割方まですすむのを待って、暗い部分の長い新梢（副梢）や房のついていない新梢を途中で切り取り棚を明るくする。

図3－50　結果枝の途中（本葉6～8枚の節）に出る副梢の摘心
棚を暗くしないために，3～4枚残して摘心する

⑦収穫後の摘心で貯蔵養分の蓄積

樹勢が強いと収穫後に副梢や孫枝が伸びて、主枝間隔の中央部が図3－53のように葉で重なる。少々の伸びであれば新根を発生させて樹体の回復をはかるために必要であるが、このままにしておくと、光合成生産物の消費部分となり貯蔵養分が蓄積されないので、越境して遅伸びしている枝は、主枝間の中央部でカットする。

また、そのまま伸ばしておくと、伸びる結果枝と止まって

図3－51　主枝から第1支線の間に発生する強い副梢は発生基部から整理する（予備摘粒のころに行なう）

図3－52　ベレーゾン前の摘心
右の枝のように棚面から30cm以上伸びた場合は30cmくらいのところで摘心する。左の枝のように30cm以内で伸長が止まる（適正樹相の）場合は，そのままで摘心しない

いる結果枝が不揃い（見た目では太さの違い）となり、翌春発生する新梢の不揃いや花房、開花の不揃いにつながるため、樹勢が強い樹は、必ず収穫後は主枝間の中央部まで結果枝のカット（摘心）を行なう。

(6)「一新梢一果房」を原則に摘房

一回目の摘房は新梢の振り分け作業と同時に行ない、第一支線に届きそうにない弱い新梢の房を整理する（図3—54）。

二回目は、一回目の誘引作業を終えたあと、図3—55のように第二支線まで届く新梢数の判断がつくようになるので、各樹の目標収量の設定を考えにいれながら、房つくりと併行して、「一新梢一果房」を原則に予備摘房を行なう。とくに強い新梢は二房残して（二房は摘粒し、房はそのまま）、結果枝に負担をかけて伸長を抑え、ベレーゾン期の前に摘粒していない房を摘房する。

三回目は、図3—56のように二回目のジベ処理前に仕上げ摘房する。一新梢一果房では樹勢によっては着果過多になる。収穫時の見込み一房重に房数

図3—53　収穫後の棚面

8月下旬の摘心以後，副梢や孫枝が伸びて（遅伸枝の発生），棚面を覆う。結果枝や副梢，孫枝は第2支線を越えたところで切り戻す

図3—54　1回目の摘房

新梢の振り分け時に弱い新梢は早く摘房して空枝とする

をかければ一樹当たりの収量が計算できるので、樹勢の弱い樹が結果過多にならないように十分注意して、仕上げ摘房を行なう。

なお、第一支線に届きそうにない房はすべて摘房する。第二支線に届きそうにない新梢の房は着房させてもよいが、樹全体として着房数が確保できる場合は摘房する。

最終の摘房（結果調節）は、果粒軟化期に入る前に行なう。ブドウの果実は、果粒軟化期から収穫期にかけて果重が二〇％以上増加するので、軟化期前に房重を測り二〇％上乗せした予想収量で各樹ごとに結果量を検討する。樹勢に対して収量が多すぎると見込まれるときは、この時点で思い切って摘房して結果調節する。摘房が遅れて着果過多のまま収穫期に入ると糖度・着色ともに悪く赤熟れとなる。とくに雨の多い年は、玉張りがよい反面、光合成による物質生産が落ちて、品質低下につなが

図3－55　2回目の摘房
先端が止まり，第1支線程度しか伸長していない新梢は摘房する。中央の新梢は第2支線以上伸びる強さがあるので，結果させる

図3－56　3回目の摘房（仕上げ摘房）
3回目の仕上げ摘房をして2回目のジベレリン処理をする

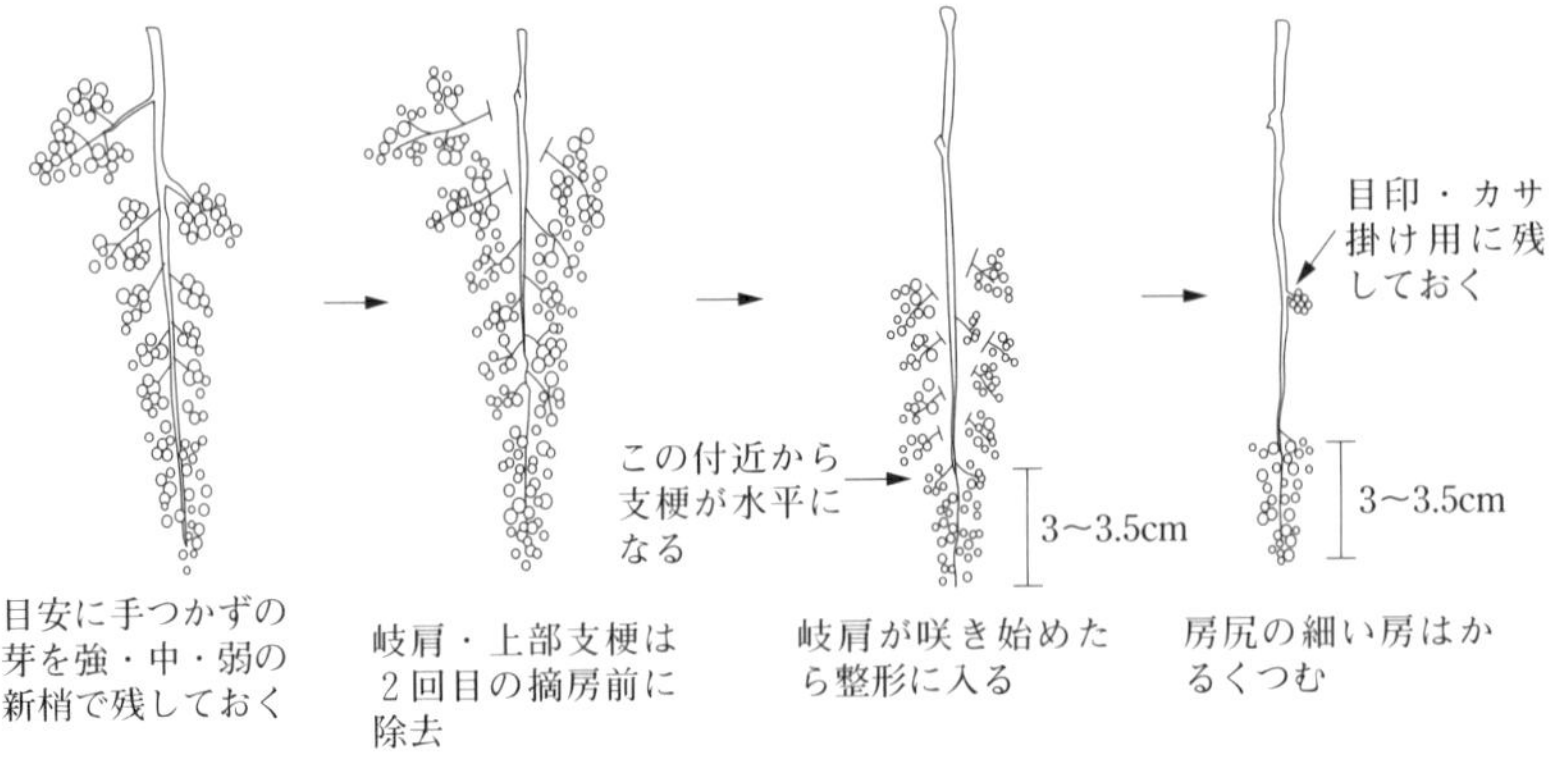

図3−57　ピオーネの花穂の整形（種なし）

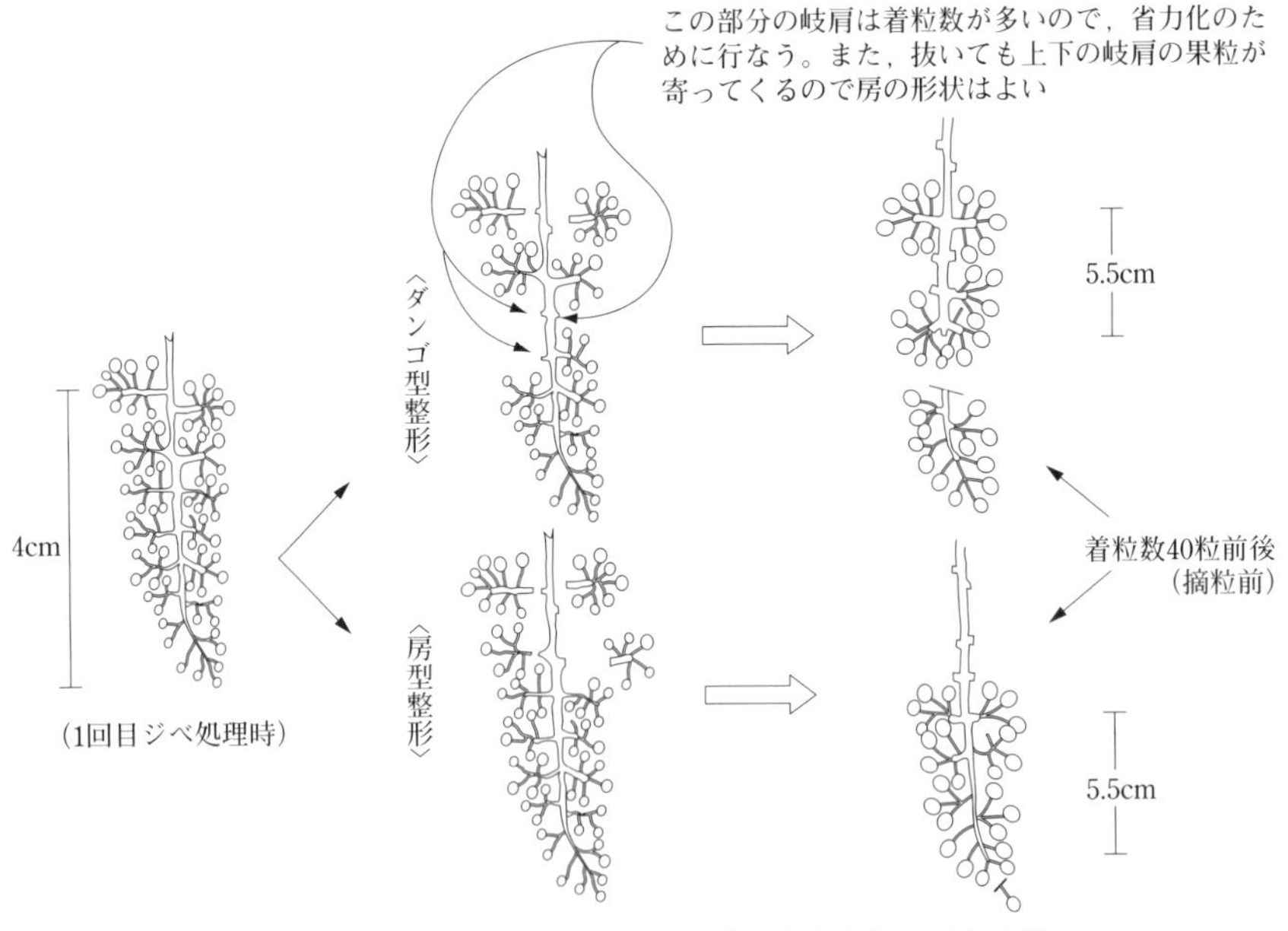

図3−58　大きめな房を果房の整形で小さく仕上げる方法

果房の整形は2回目のジベ処理後の予備摘粒時に，房の中央部の支梗を2〜3カ所段違いにしながら行なう。

ダンゴ型の整形か房型の整形かの判断は，房の着粒状況にもよるが（着粒数の多い房の場合にはダンゴ型整形にする），①摘粒の省力化をめざす場合，②出荷形態がパック詰めの場合かで判断するるので、玉張りを喜ぶより天候を考慮しての思い切った摘房が重要である。

(7) 花穂・果房の整形

花穂の整形は、二回目の摘房の後、肩房の開花初めのころに行なう。種なしピオーネの場合は、残す花穂の長さが三・〇~三・五センチになるように、支梗がほぼ水平になる部分まで切り下げる（図3—57）。

果房の整形は、一回目のジベ処理後の予備摘粒時に行ない、果房の長さを五・五センチにそろえる。着粒数が多い房は、房の中央部の支梗を二~三カ所段違いに抜き取るとよい（図3—58）。

(8) 摘粒は早め早めに

種なし栽培では、果粒肥大をよくし、密着果房（脱粒防止）に仕上げることが、商品性を高めるポイントになる。新短梢栽培の場合、新梢（結果枝）の一律カットと副梢の摘心の徹底によって、同化養分の果房への転流が促進されるので、果粒の肥大が早くすすむ。そのため、ジベレリン一回目処理後の予備摘粒（図3—59）や、二回目処理後の仕上げ摘粒も処理直後から始めるというように、摘粒作業を早め早めに行なうことが大切である。遅れるほど果粒が密着して摘粒バサミが房の中に入れにくくなり、一房の仕上げに時間がかかり能率が上がらない。また、果粒の肥大や房の形状も悪くなる。

注意点は、ボリュ

果梗が軟らかい２回目ジベレリン処理前に上向き果，内向き果などを中心に指で摘粒する。ハサミで行なうより1/3くらいの省力化になる
小果のうちは爪先で，やや大きくなったら指でつまんで，かるくまわすと簡単にとれる

図3－59　予備摘粒時の果房

ーム感と脱粒防止のために、最上段の支梗には上向き果を四～五粒残すことである。果梗が太く、大きい果粒を外向きに残し、その際に花かすや支梗・果梗の切残しのツメは残さないようにする。（図3―60・61）

図3―60　仕上げ摘粒（予備摘粒のしていない房）
軸長が10cmと大きすぎるので2段切り下げて内向果やショットベリー（小粒果）を摘粒し30粒に仕上げる

(9) 摘粒がすんだ順から袋掛け

摘粒のすんだ房は、収穫見込み果房なので順次袋掛けを行なう（図3―62）。袋掛けが早いほどバンプ病（一次感染）の危険が少なくなるし、果実に薬剤が直接かからないので防除作業も棚下から十分に行なうことができる。

なお、袋掛け直前にスリップス、ウドンコ病、ベト病、バンプ病の防除を行ない、スリップス侵入防止のため袋の止め金はしっかり固定する。また、果

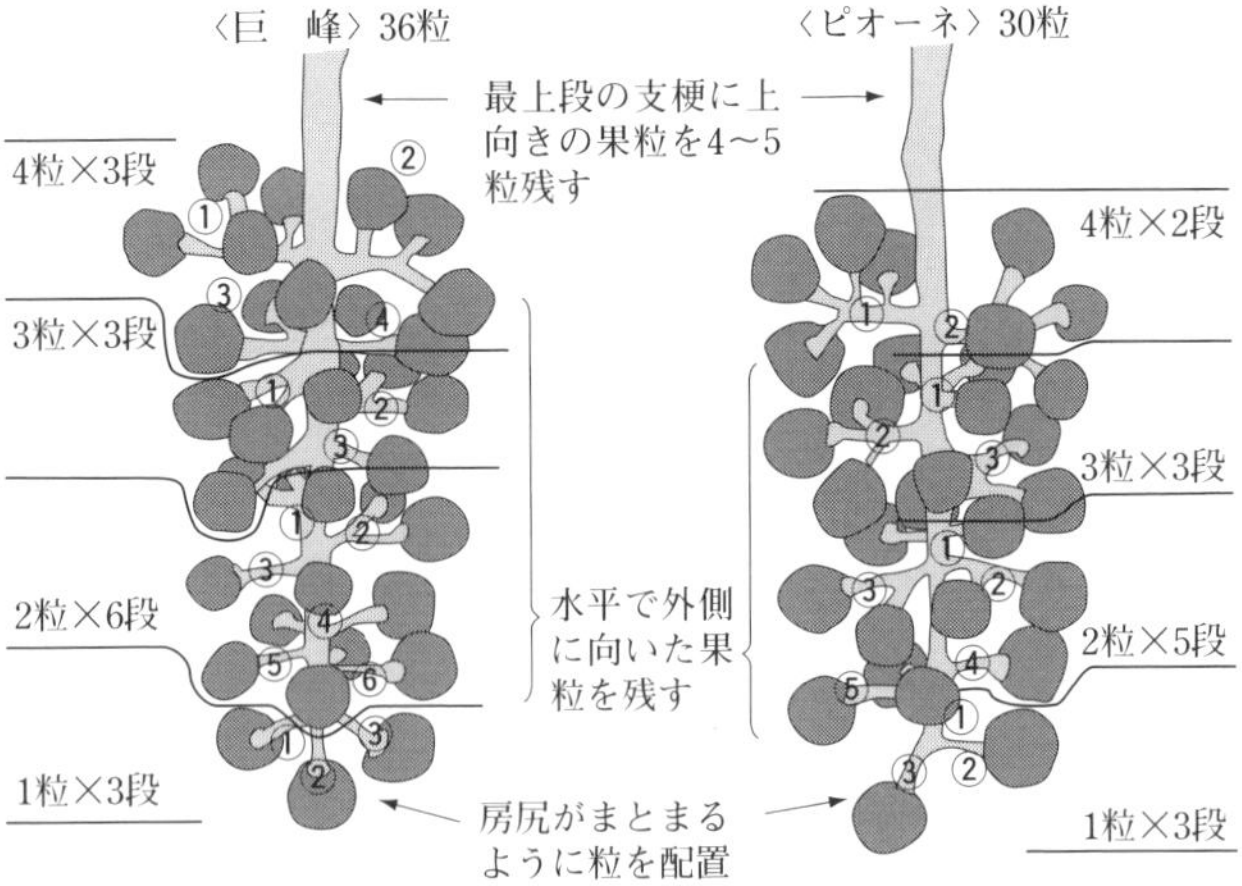

図3―61　種なしでの仕上げ摘粒（ブドウ型）
軸長は巨峰，ピオーネともに7～7.5cm，果軸1cm当たりの果粒数は巨峰5粒，ピオーネ4粒となる。
なお，「ブドウ型」とは，肩に比べ房尻が細くやや逆三角形の房型のこと

房に直接陽があたる場合は、日焼け、袋内の温度が上がることによる着色障害を防ぐため、クラフト紙のカサ掛けを行なう。

図3—62　ジベ処理後袋掛けのすんだ状態

先に袋を掛けて順次摘粒に入ると消毒も楽で，果実にも農薬がかからず，減農薬できる

私は、仕上げ摘房と二回目のジベレリン処理を終えた房から順次袋を掛けてしまい、仕上げ摘粒は図3—63のような手順ではずして行なっている。摘粒後、隣の房の袋をはずしてかけながら作業をすすめているので、バンプ病などの発病はほとんどみられない。

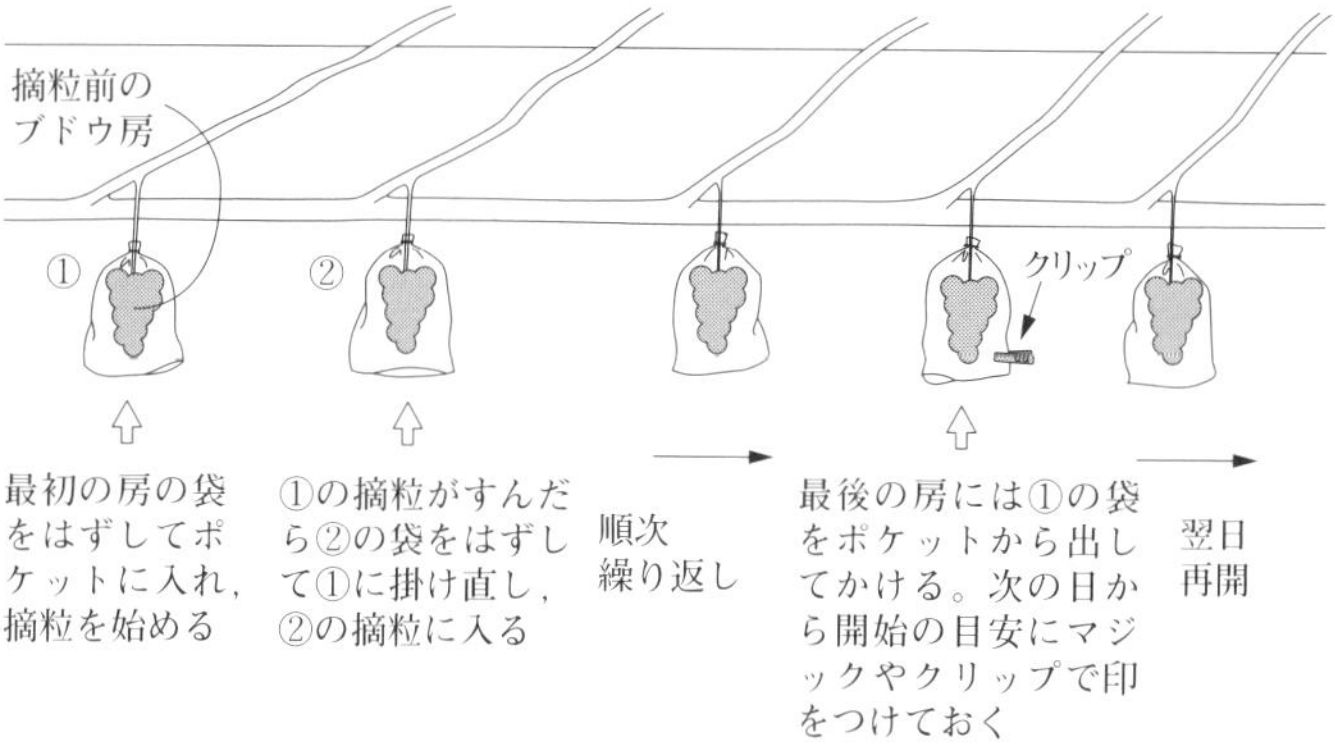
摘粒前のブドウ房
①
②
クリップ
最初の房の袋をはずしてポケットに入れ，摘粒を始める
①の摘粒がすんだら②の袋をはずして①に掛け直し，②の摘粒に入る
順次繰り返し
最後の房には①の袋をポケットから出しかける。次の日から開始の目安にマジックやクリップで印をつけておく
翌日再開

図3—63　袋掛け後の仕上げ摘粒のすすめ方

(10) 二年目の冬季せん定

①結果母枝は一芽せん定が基本

結果母枝は、図3—64・65のように一芽せん定を基本にする。二芽せん定は、萌芽不良や誘引作業などで結果枝が欠けてその空間を補う場合（図3—43を参照）と、萌芽の不安定な品種（ロザリオ・ビアンコ）や房持ちの悪い品種（リザマートやバラデーなど）、四倍体品種で種あり栽培をする場合とに、行なう。萌芽が悪い品種の場合は結果枝数が減り着房数が少なくなるため、新梢（結果枝）の数を多くする必要があるためであり、房

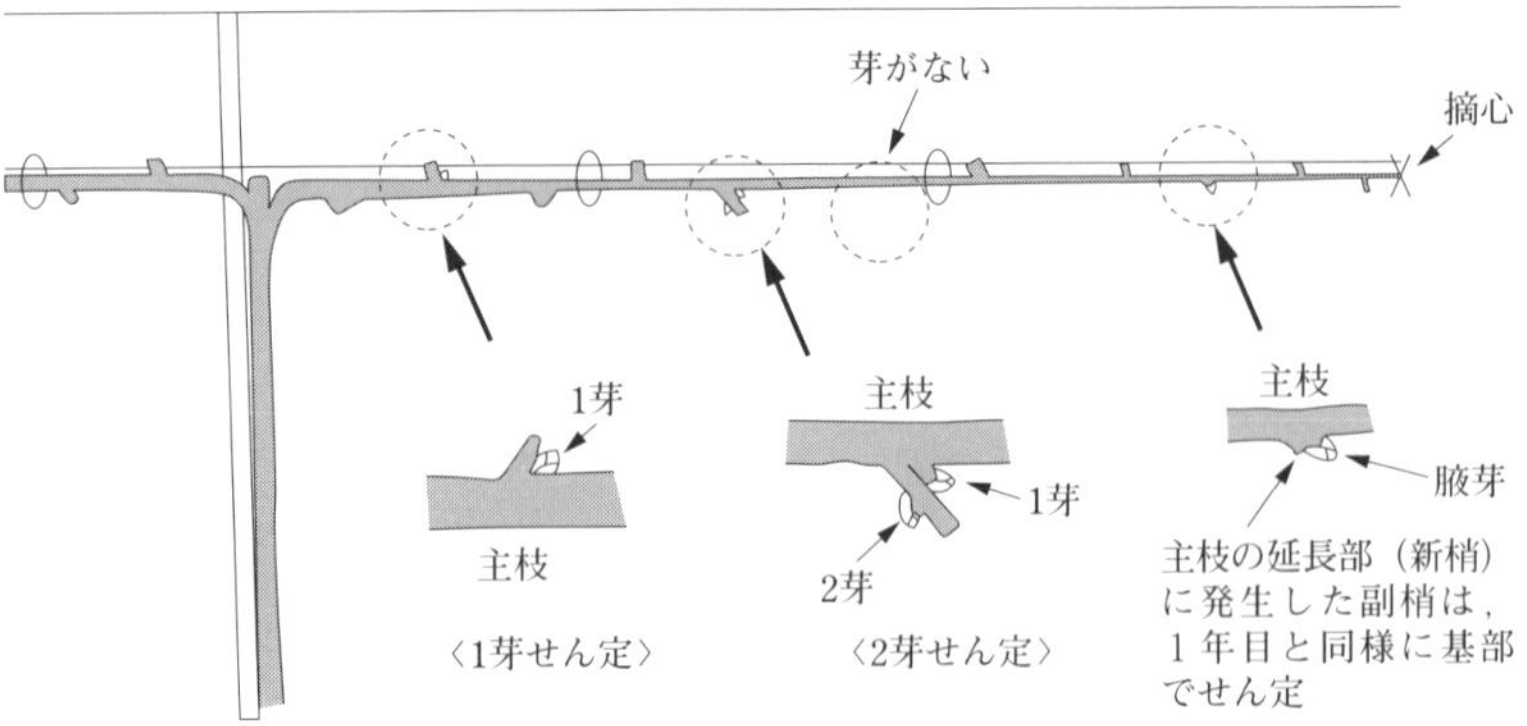

図3－64　2年目のせん定

基本は1芽せん定。2年目に新しく発生した副梢には1年目のせん定と同様に基部でせん除する。隣りに芽がなく空間があいてしまう場合には，2芽せん定して一方の新梢で補う

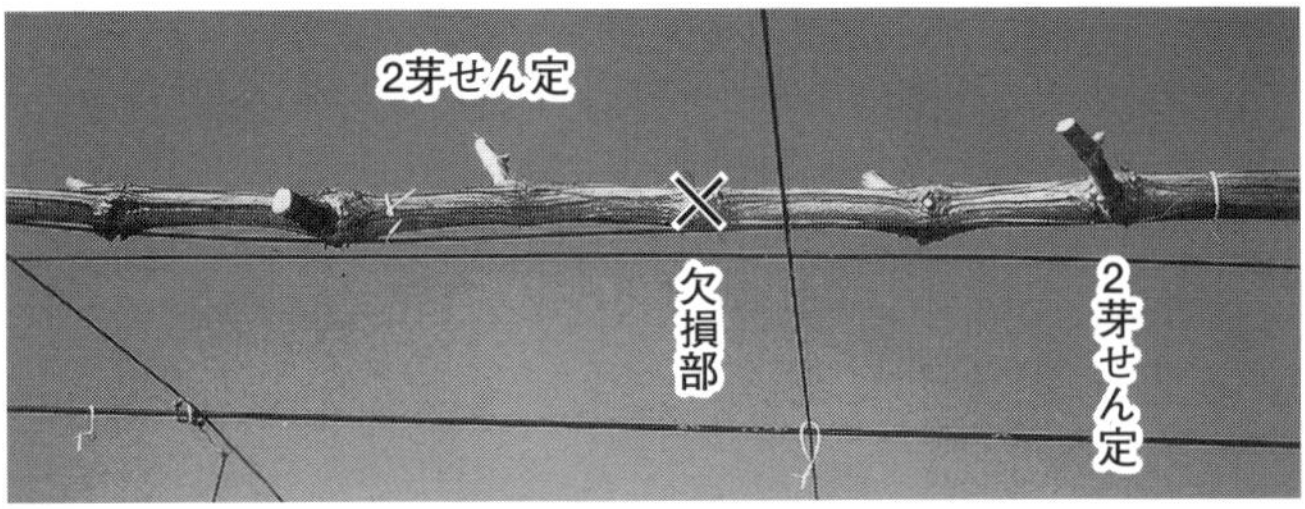

図3－65　2年目の結果枝のせん定

写真中央部（×印）に欠損があるので，右側と向かい側を2芽せん定して，欠損部を補う（続けて欠損してもバイパスはつくらない　図3－33を参照）

持ちの悪い品種は新梢枝（結果枝）を多く発生させ、房持ちを確認したうえで新梢の整理（芽かき）を行なうためである。

また、雪の多い地域や寒さの厳しい地域では、四～五芽残して予備せん定を十二月にすませておき、三月に入ってから本せん定（一～二芽せん定）を行なうようにする（図3―66）。これは、一～二芽の本せん定を厳寒期に行なうと、切り口から凍害を受け芽の欠損（萌芽不良）につながるためである。また、予備せん定をしておかないと、大雪が降った折に棚面への積雪によって棚への負担が大きくなり、倒壊のおそれがあるためである。

二年目に伸びた主枝のせん定は、一年目の主枝のせん定に準じて行なう。

②せん定はデラウェア種から始める

米国系から巨峰系、欧州系の順序で、そのなかでも収穫、登熟、落葉の早い品種から行なう。それは、一般に収穫が早いと枝の登熟、葉の落葉、休眠も

早く、寒さに強いためである。せん定は、厳しい寒さのこない十二月中にすませると作業の能率も上がる。この場合、太い枝は枝を構成している一つ一つの細胞も大きく、枝の登熟が悪く切り口からの凍害を受けやすいので犠牲芽せん定とする。

図3―66　予備せん定の様子

12月中のせん定は能率が上がる
12月中は枝の養分が主枝→幹→根に移行中であり，早く切り取ることで貯蔵養分の調整（消費）ができ，樹勢の抑えになる。
雪が多い，寒さが厳しい地域は4～5芽残してせん定して春に1芽せん定する

③せん定枝は有機物として土にかえす

結果枝は、一枝を三～四回に分けて切り、そのまま畑に落として有機物として還元する（図3―67）。落とされた枝は草生栽培の刈取りで粉砕されたり、草生栽培で多くなっている微生物や小動物によって分解が早くすすむので、トラカミキリムシや病菌の伝染源の問題は、それほど心配する必要がない。

図3―67　せん定枝は有機物として利用

せん定作業は、図3―66のように先端から第一支線までを先に切り落とし、つぎに主枝と第一支線の間では五五センチあり長すぎるので、残った枝を主枝と第一支線までの中間でまず切り、その後一～二芽残して切り落とすと、作業が効率的で能率も上がる。

7 三年目からの生育と管理

(1) 三年目で整枝を完成

片側主枝長七メートルの一文字型整枝の場合、生育が順調にいけば図3―68のように三年目に目標の位置に達する。三年目の一樹当たりの合計主枝長は一四メートルになるが、そのうち結果枝をつける主枝長は第一、二主枝合わせて一〇メートルなので、一樹で八〇房前後の着房（一メートル当たり八房）が可能となる。樹体も三年生となると根張りもよくなり樹勢もそろって強くなるため、樹をつくることより、いかに成らして収量を上げるかに重きをおいて管理にあたる。

(2) 樹勢が強い場合は植物調節剤を利用

①結果枝の伸長を抑えるにはフラスターを

三年目になると、根の発達がよくなるため、樹勢が強くなってくる。樹勢が旺盛で徒長的な新梢が多く、新梢の一律カット後の副梢の摘心が大変な場合や、四倍体品種を種ありにするため結果枝の伸長を抑える場合に、植調剤（フラスター）を利用するとよい。散布時期は、新梢（結果枝）を第一支線に誘引した後、本葉七～八枚が展葉する貯蔵養分転換期のころに行なう。フラスターの五〇〇倍液を、葉が濡れる程度（一〇アール当たり一〇〇リットルほど）に全面散布する。

散布時の主な注意点は、必ず単用散布とすること。なお、ボルドー液の前後散布は問題ない。散布量が多かったり、重複散布すると薬害によるクロロシスの危険や樹勢が低下するので、濃度と散布量は必ず守ることである。また、散布後二時間は降雨のない日を選

図3－68　成園化した3年目の樹（せん定時）

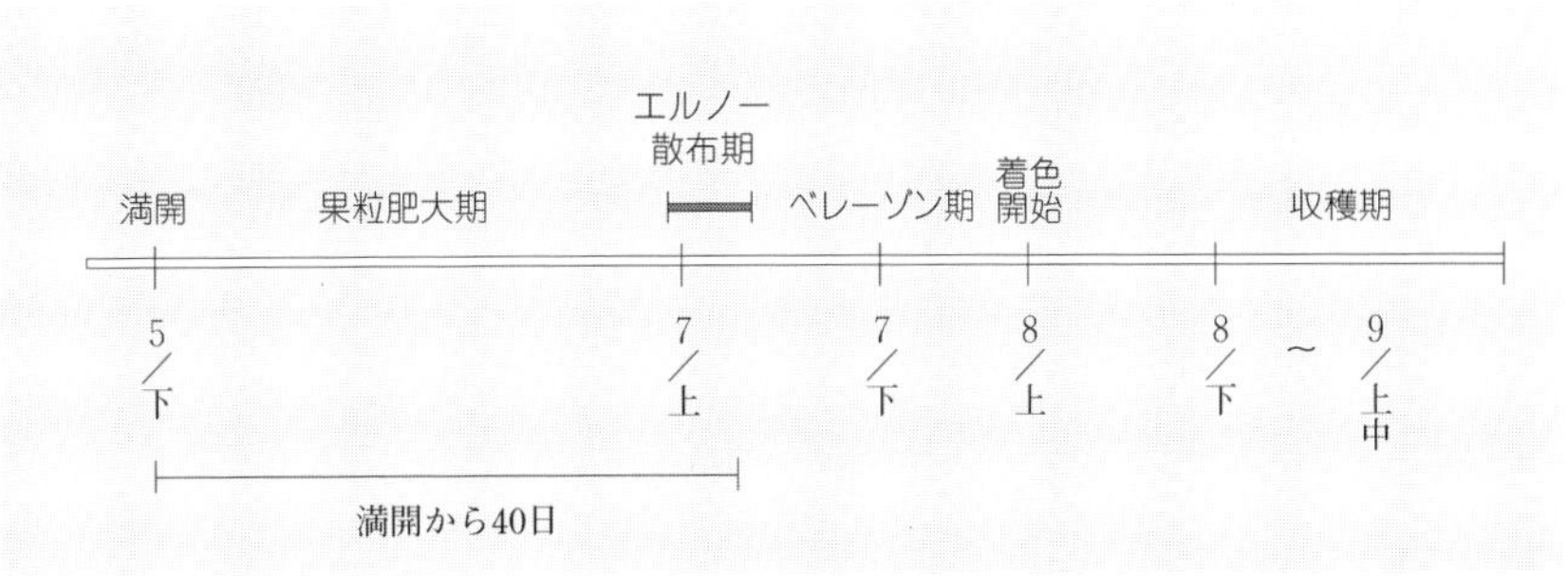

図3−69　エルノーの散布時期とブドウの生育ステージ

満開後40日前後とは，果粒肥大期とベレーゾン期の間の時期にあたる

ぶようにする。

②孫枝が止まらないときはエルノーを散布

副梢の摘心後発生する孫枝が、展葉二〜三枚以後も伸びそうな場合にも植調剤を利用するが、この場合はエルノーを散布する。エルノーの散布時期は、図3―69のように満開後四〇日前後で、ベレーゾン期に入る前の七月上旬ごろに行なう。二〇〇倍液を葉が濡れる程度（一〇アール当たり二〇〇リットルほど）に棚上から散布して、生育を抑える。

散布時の主な注意点は、①単用散布で展着剤は入れない、②果粒肥大盛期や弱勢樹では使用しない、③着色直前に散布すると、果粉（ブルーム）が溶脱したり果面の汚れになりやすい、④風のない朝に散布し、散布後三時間は降雨のない日に行なう、などである。

(3) 主枝基部の強い新梢は副梢を結果枝に

三年目以降になると、主枝の先の部分と基部に近い部分から発生する新梢に差が出てくる。主枝基部からは強い新梢が出て、他の部位の新梢と同じように摘心まで伸ばしておくとますます強く太ってしまう。そのため、展葉七〜八枚で摘心して先端から出る副梢を結果枝とする。なお、ほかの結果枝より早く摘心するため、同化養分が早く養分も多く房に転流して花齢がすすむので、ジベレリン処理など注意して行なう。具体的には、花齢がすすんでいる花房と遅れている花房で処理時期を二度に分けて行なうか、花齢がすすんだ花房は満開後三〜四日遅らせて遅れている花房が八〜十分咲きで行なうようにする。いずれにしても、花齢に合わせて適期ジベ処理を行なうことが大切

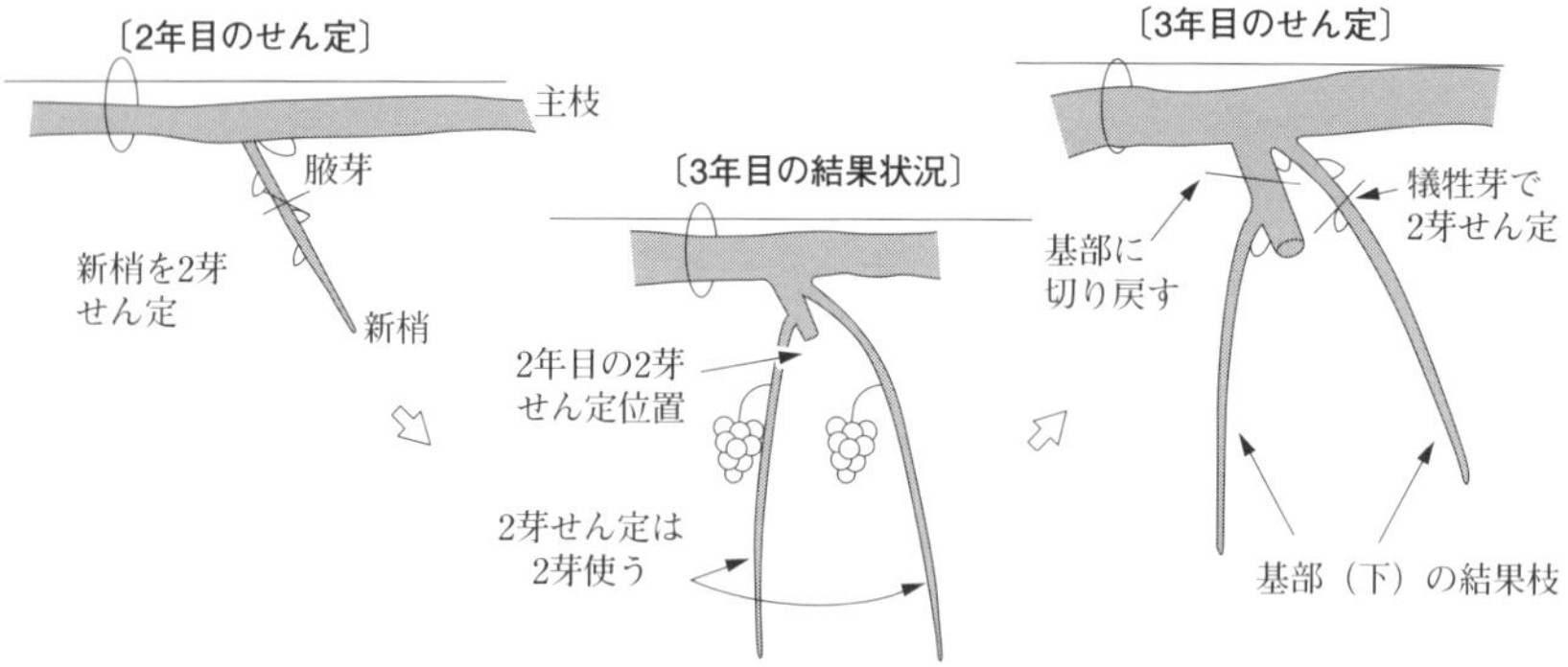

図3－70　3年目の2芽せん定枝と切戻しせん定

①せん定前

図3－71　5年生以上の側枝のせん定

右側の側枝は，3本ある結果枝のうち1本を切り戻し，残り2本を2芽せん定して2芽ずつ萌芽させ，翌年4本の結果枝をつくる。左側の側枝は枯死したので基部でせん定し，奥の結果枝を2芽せん定して新梢1本をこちら側に誘引する

②せん定後

である。

(4) 側枝、結果母枝の切戻しとせん定

三年目には、主枝上に短い側枝と結果母枝（二年目の結果枝も含む）が形成される。一年目に萌芽不良や誘引で結果枝に欠損ができた場合や房持ちの悪い欧州系の品種では、二年目に二芽せん定を行なって結果枝を確保している。三年目のせん定時には、そこに側枝と二～三本の結果母枝ができているので、図3―70のように側枝と結果母枝を切り戻す。このように、基部（主枝に近いほう）の結果母枝を残して、

図3―72　樹勢の弱い樹の結果母枝の芽かきは振り分け前に行なう

図3―73　樹勢が強い樹の結果母枝の芽かきは誘引時に行なう

図3―74　芽かきしたピオーネの新梢
芽かき作業は，新梢の伸びの強弱に関係なく，「1結果母枝1新梢」を原則に行なう
(左側の5本の枝：房がみられない弱枝，もっとも右の枝：強枝)

図3―75　芽かき（新梢整理）後誘引した様子
「1結果母枝1新梢」を目安に，主枝1mにつき10～12本（片側5～6本）の新梢を残し誘引する

二芽せん定することによって、結果部位の上昇と側枝が太るのを抑える。新短梢栽培では成木になるにしたがって、側枝や結果母枝の切戻しと二芽せん定が多くなる（図3―71）。

なお、一年枝、二年枝の結果母枝のせん定はそれぞれ一年目、二年目のせん定と同様に行なう。

(5) 新梢の芽かき（整理）

①「一結果母枝一新梢」を原則に芽かき

芽かきの作業は、新梢や生育をそろえることで、その後の管理作業を楽にするために行なう。

芽かきは樹勢の強弱に応じて時期を変えて行なう。樹勢の弱い樹は図3―72の新梢の振り分け前に行ない、貯蔵養分を生育に活用し、樹勢を回復する。逆に樹勢の強い樹は図3―73・74のように一回目の誘引時に行なうことで、貯蔵養分を浪費させ、樹勢を抑える。

芽かきは、「一結果母枝一新梢」を目安に行なう。三年目は、樹をつくるより成らせる樹齢に入ったとはいえ、誘引された新梢の数が多すぎると、葉が重なる（葉面積指数三以上に増加する）ため、光合成が低下したり房に陽があたらず花振るいによる結実不良を招く。ピオーネなどの大房系は二〇センチ前後の間隔を、スチューベンなどの中房系は一八センチ前後の間隔を目安に、芽かき（新梢の整理）をしながら新梢（結果枝）の誘引を行なう（一結果枝一～二本を目安に新梢を誘引）。

②無着房であっても「一結果母枝一新梢」を守る

前年に大房をつけたり、弱い新梢、ベト病の多発した翌年や基底芽（図3―76）からの発生や、房の持ちにくい品種では、着房のない新梢が発生する。しかし、房を持っていなくても、新梢の欠損部をつくらないために一結果母枝一新梢を最低でも残し、主枝のはげあがりを防ぎ、翌年の結果母枝を確保する。

(6) 主枝は目標位置まで達したら摘心

主枝は、植え付けから樹勢が旺盛だと二年、中庸で三年、弱いと四年目で目標位置（となりの樹と接触する地点）に到達するので、その位置で新梢を摘心する。となりの樹の樹勢が弱いと同じ年に目標位置に到達しないため、生育のよい片方を摘心せずに目標位置以上に伸ばして収穫を早くあげようとしがちだが、必ず目標位置で摘心する。

生育がよいからと目標位置以上に伸ばすと、各樹の葉面積バランスを崩し、樹勢の強弱の差が大きくなり、栽培管理をむずかしくする原因になるので行なわない（図3―77）。

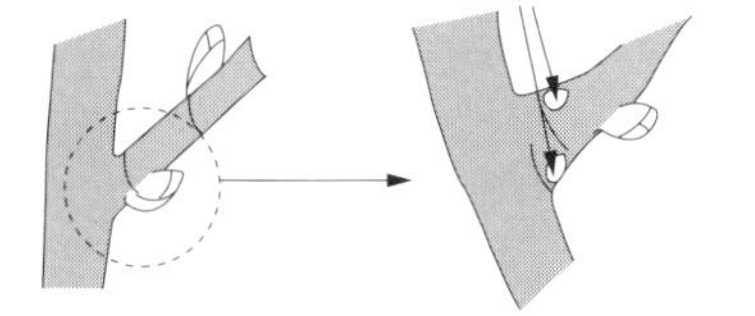

外観で認められる１芽より基部に１節があり，その節に芽が形成されている。これを基底芽という（付録159ページ参照）

図3―76 基底芽

図3―77 主枝先端部は必ず目標位置（矢印）で摘心

8 年間の栽培管理

(1) 新梢の生育診断の目安

①樹勢の強弱の見分け方

好適樹相の樹は、発芽がそろって新梢の初期生育（本葉六～七枚まで）が早く、開花前には伸びがにぶり、節間がつまって葉が小さい枝になる。そして、新梢の摘心で発生した副梢や孫枝も開花一カ月後（六月下旬～七月上旬）には止まる状態が、中庸で好適樹相といえる（図3―78）。

新梢の多くが第一支線や第二支線までで生長が止まり、副梢も弱く少ない樹は弱い樹勢（図3―79）であり、新梢の一律カット後の副梢が強くて多く、摘心しても止まらずに孫枝が伸びて七月中旬までに摘心を二回以上しなければならない樹は、強い樹勢といえる（図3―80）。

②種なし・種ありとも好適樹勢は中庸

種なし栽培では、種を抜くため強めの樹勢がよいとよくいわれるが、手間をかけずに品質のそろった房を、安定生産するには中庸の樹勢がよい。強い樹勢のほうがジベレリンが効きやすく、玉張りもよくなるが、大房で着色不良になりやすく収穫も遅れる。とくに赤系品種では、果実の糖やミネラル

図3―78　新梢誘引前の樹相診断（1）　中庸の樹相
開花1カ月後に副梢や孫枝が止まる，中庸の樹勢が望ましい（ピオーネ　4年生）

図3―79　新梢誘引前の樹相診断（2）　弱い樹相
新梢の多くが第1支線前後で生長が止まり，副梢も少ない（ピオーネ）

図3―80　新梢誘引前の樹相診断（3）　やや強い樹相
巻きづるが新梢の先端より先に出ており，カリづる状の強い新梢である。節間も伸びている（ピオーネ　4年生）

が不足し着色がそろわずきれいにあがらない（除葉してもダメ）。また、樹勢が強いと摘心など新梢管理に手間がかかるだけでなく、作業をむずかしくする。

欧州系や米国系の種あり栽培も中庸な樹勢がよく、なかでもリザマート、ルーベルマスカット、ノースレットなど副梢の発生の多い品種や、赤系の品種は中庸から弱めの樹勢が好適樹相といえる。

巨峰系品種の種あり栽培では、弱から中庸の樹勢で、新梢の長さも開花時五〇センチ前後（第一支線に届く程度）で葉も小さく厚いものが好適樹相といえる。結実後に窒素（尿素やメリット青）の葉面散布で樹体の回復をはかる程度で種なし粒の着生も少なく、適度な花振るいをおこして房もそろう。

(2) 目的によって摘心時期を調節

新短梢栽培では、新梢を棚面で一律摘心（カット）することがポイントになっている。そして、限られた本葉と副梢葉を有効に活用して、光合成による物質生産を高め房（果実）への転流を生育の初期から行なわせ、高品質で安定した生産をはかるのである。したがって、この一律摘心操作は重要な作業となっている。

また、摘心の時期によって目的や効果が違うものの、幼木でも成木でも基本は変わらないので「6 二年目の生育と管理(5)」の新梢と副梢の摘心に準じて行なう。

(3) 開花・結実期の管理

①花穂の切込み

花穂の切込みは、結実をはかり果粒の肥大をよくするためと、出荷方法（パック、箱詰めなど）に合わせた形状にするために行なう。

切込みは肩房が咲きはじめたころから行なうが、種なしの場合はその前に岐肩や小花穂を除去して利用する花穂（子房）の発育をよくすることが大切である（図3—81）。

短梢栽培は、長梢栽培に比べて図3—82のように房が小さくなるが、利用する部分は房尻であり、目標とする房型は同じなので、地域の出荷指針にしたがって花穂の切込みを行なえばよい。また、結果枝の樹勢が強い場合や房持ちの悪い品種では、支梗が長く伸びた図3—83のような逆三角形の房になり花振るいもしやすいので、開花前に新梢の先端一センチくらい（展葉していない部分）の軽い摘心を行ない、伸びている花穂の切込みを必ず行なう。

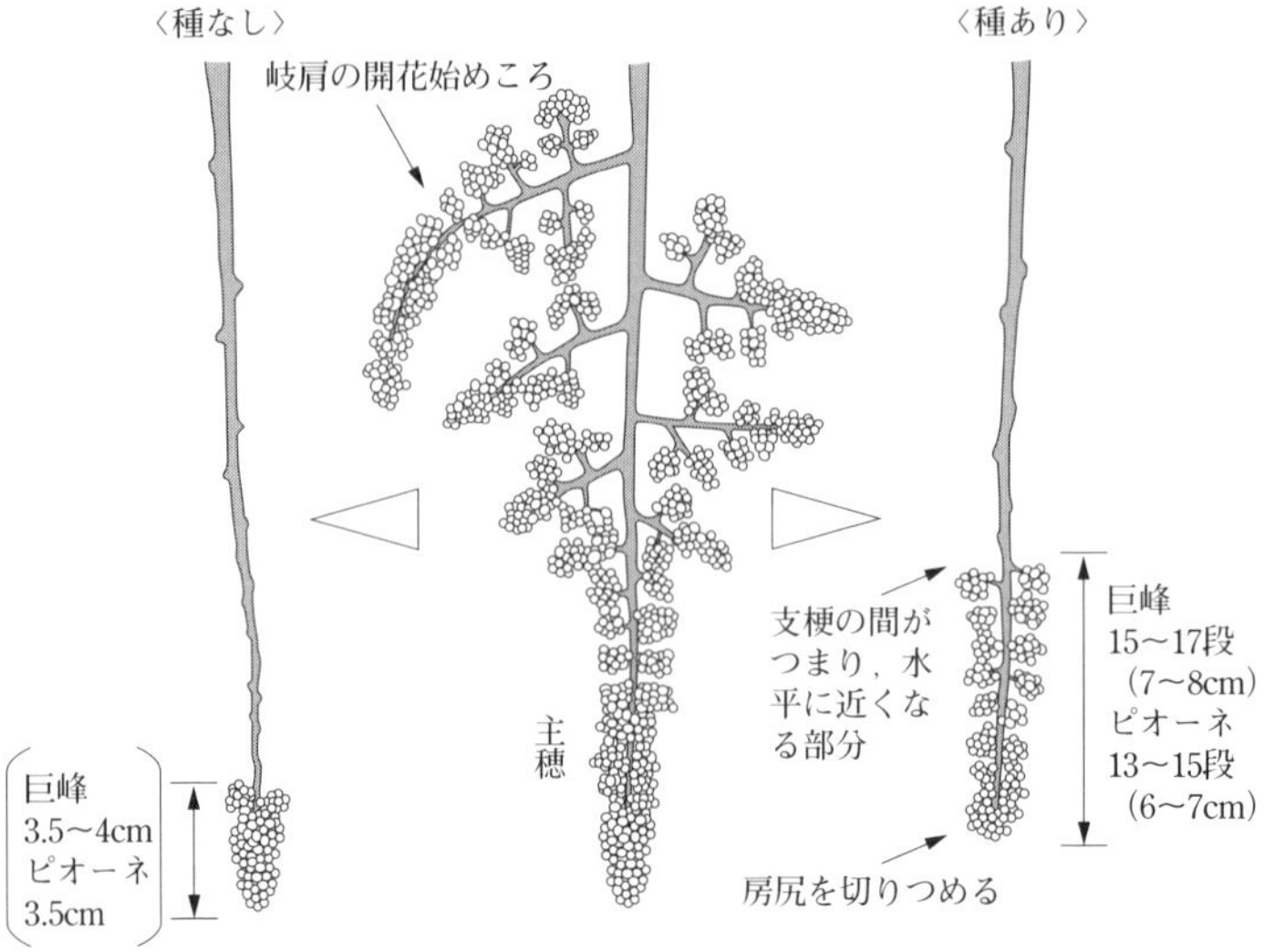

岐肩の除去をしない標準的房を1〜2房残しておき，花房のすすみぐあいをみる

ピオーネの整形前の房
（長梢に比べて房が小さい）
岐肩を持っていないものが多い

ピオーネの花房の整形
短梢では岐肩を持たない房が多い。岐肩や支梗が咲きだしたころに整形を始める（ピオーネ種なし）

図3−81　巨峰，ピオーネの整形

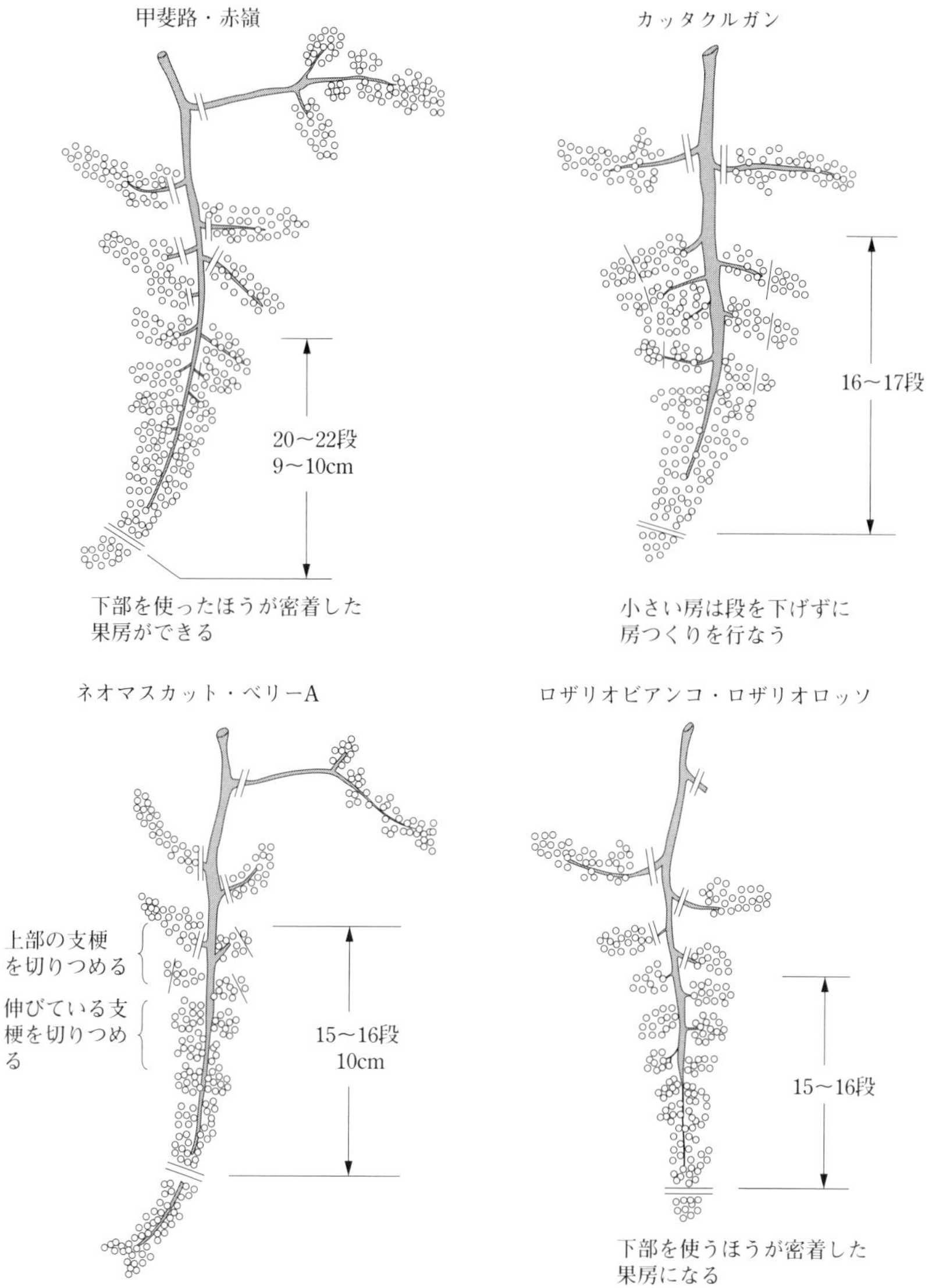
甲斐路・赤嶺
20〜22段
9〜10cm
下部を使ったほうが密着した
果房ができる
カッタクルガン
16〜17段
小さい房は段を下げずに
房つくりを行なう
ネオマスカット・ベリーA
上部の支梗
を切りつめる
伸びている支
梗を切りつめ
る
15〜16段
10cm
ロザリオビアンコ・ロザリオロッソ
15〜16段
下部を使うほうが密着した
果房になる

図3−82　品種別の整形

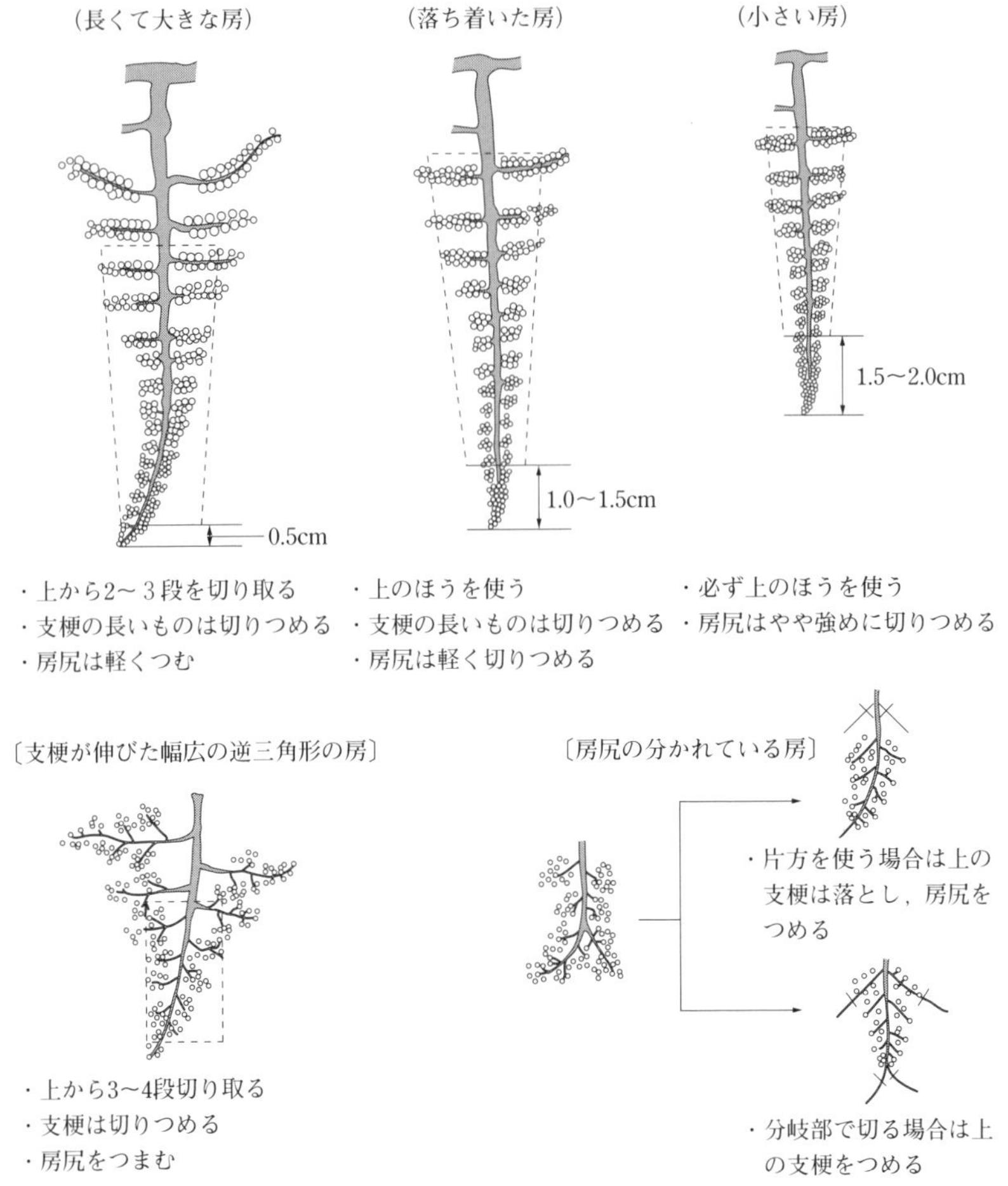
（長くて大きな房）
（落ち着いた房）
（小さい房）
1.5〜2.0cm
1.0〜1.5cm
0.5cm
・上から2〜３段を切り取る
・支梗の長いものは切りつめる
・房尻は軽くつむ
・上のほうを使う
・支梗の長いものは切りつめる
・房尻は軽く切りつめる
・必ず上のほうを使う
・房尻はやや強めに切りつめる
〔支梗が伸びた幅広の逆三角形の房〕
・上から3〜4段切り取る
・支梗は切りつめる
・房尻をつまむ
〔房尻の分かれている房〕
・片方を使う場合は上の支梗は落とし，房尻をつめる
・分岐部で切る場合は上の支梗をつめる

図3－83　房の形状による整形の仕方

リザマート、ロザリオ、カッタクルガンなどの欧州系品種は、花房が小さくても必要粒数は十分あり五○○グラム前後の果房に仕上がるので、小さい房であっても利用する（図３―84）。

三年目までは、主枝の先端に主枝候補枝があり、この部分のせん定は副梢を発生基部でせん除して主枝候補枝の腋芽を発生させて結果枝として房をつけるため、この部分は短梢ではなく、長梢せん定となる。そのため、房も大きく、花も早く下方の短梢せん定部分とは形状や生育ステージに差が生じる。そのため、花穂の大きさや形状、開花の早晩が異なるので、作業は生育

リザマートの房の違い

左：前年の花芽分化が十分でない小さい花房（前年結果過多の新梢に多い）でも，摘心して養分転流を盛んにさせることで500gの房に仕上がる。

右：普通の房は大きすぎるため、線の部分を切り落として花房の下13〜15段を使う

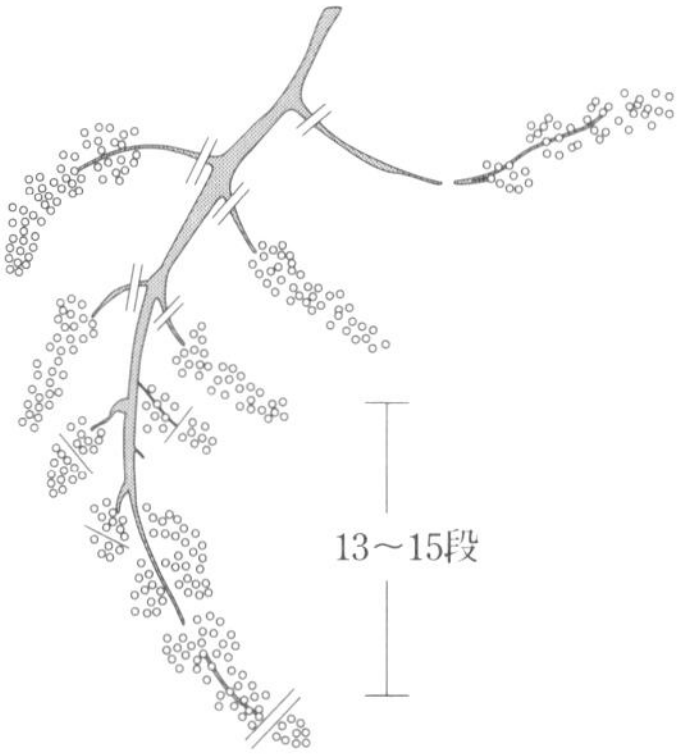

支梗の伸長による垂れ下がり防止のため支梗を刈り込む

図3−84　リザマートの整形

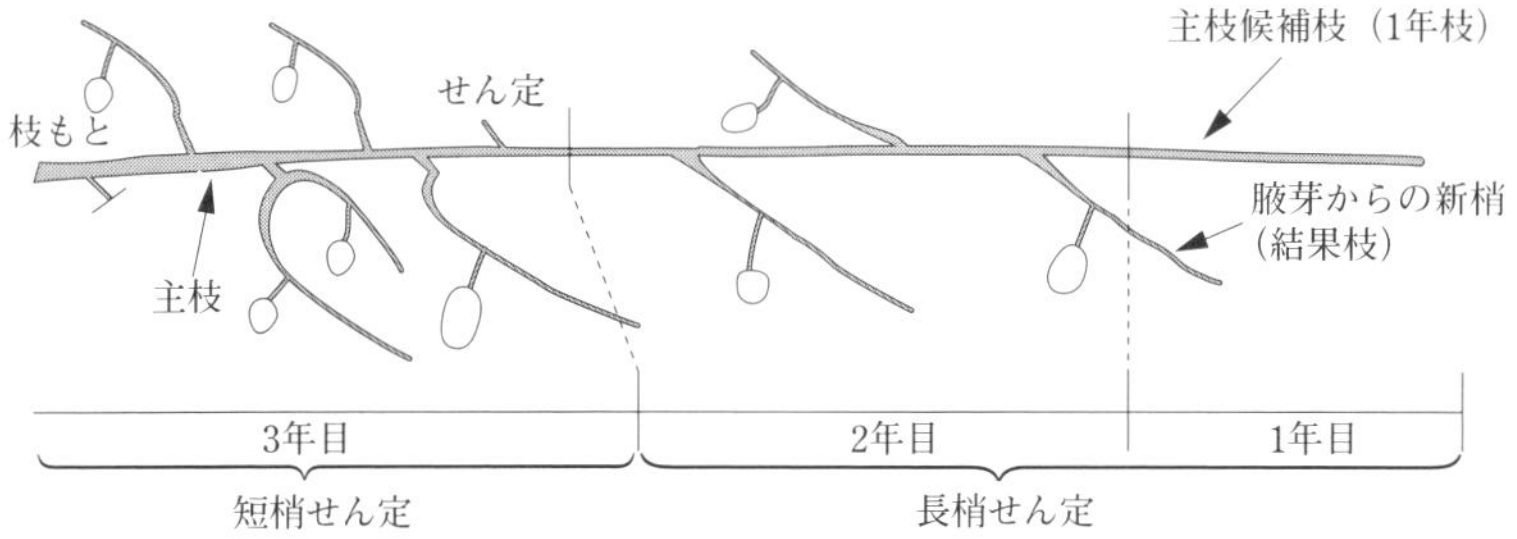

図3−85　3年目までは主枝の基部は短梢だが先端部は長梢栽培になる

のすんでいる短梢部分から行なう（図3—85）。

②種なしのホルモン処理

ピオーネや巨峰などを種なしにすると、果芯が短くなるため脱粒しやすくなる。また、処理時期の樹勢や乾燥などで、花振るいや種の混入がおこりやすくなる。脱粒を防ぎ、密着果房の良品生産の第一段階がホルモン処理なので、土壌の乾燥対策や新梢の摘心、適期処理など耕種管理を含めての適切な処理を行ないたい。

一回目のジベレリン処理

一回目のジベレリン処理は、ピオーネ一二・五ppm、巨峰二五ppmで浸漬

処理する（図3—86）。種なし化と着粒を安定させるためには、乾燥している場合は処理四～五日前に二〇ミリ以上の灌水を行なう。また、処理時期は樹勢で判断し、弱い結果枝（満開時の新梢長が七〇センチ以下）では八分咲き、強い結果枝（満開時の新梢長が一〇〇センチ以上）では摘心して満開三日後に行なう（図3—87）。なお、日中の高温乾燥時はジベレリン液の吸収がよくないので避ける。処理が早いと果穂・果軸の伸長となり、遅いと花振るいや着粒不足になるので注意する。また、ジベレリン液はアルカリで効果が落ちるため、アルカリ水やボルドー液などのアルカリ性農薬の近接散布（処理前七日）は避ける。

図3—86　1回目ジベレリン処理
満開前後の花房で一斉処理

二回目のジベレリン処理　二回目のジベレリン処理は、満開から一〇日後もしくは一五日後の間（果粒が小豆大のころ）に行なう。処理後のジベ焼けを防ぐため、果粒についた余分な液は振って落とす。処理濃度はピオーネ、巨峰ともに二五ppmとする。処理の適期幅が広いので、夕立のない晴れの続く日に行なう。

二回目のジベレリン液は果面や果梗、小果梗から吸収されるため、処理が遅れて（果粒が大豆大のころ）果面にブルーム（果粉）が生じてくると、吸収が悪くなるため肥大が劣るので注意する。

図3—87　1回目ジベレリン処理
適期の花房（十分咲き）
樹勢が強い新梢は満開から3日後くらいで行なう（目印として残した支梗のように小粒果となっている）

着粒安定と果粒肥大を兼ねてフルメットの利用　フルメットには、着粒安定と果粒肥大の効果がある。ただし登録上一回しか使用できないため、着粒安定を重視して一回目のジベレリン処理で混用（一回目の混用でも、肥大効果が認められている）するか、果粒肥大だけを目的に二回目を単用使用とする。

二～四年目の処理　新短梢栽培は、樹冠が完成する四年目までは、長梢部分と短梢部分とが混在する。そのため、新梢や花穂の生育ステージに差が生じるため、一回目のジベレリン処理は、花穂のすすみぐあいに合わせて、二～三回に分けて行なうようにする。

四年目以降は一斉処理

樹冠が完成する四年目以降には、すべて短梢せん定となり、新梢もそろってくるので一回で処理できる。第一支線を越えている新梢（結果枝）は、

図3−88　ジベレリン処理の効果判断（1回目）
左の房は処理が早すぎたため，果軸が曲がって硬化し，支梗や小果梗が伸びて細くなっている。右の房は八分咲き～十分咲きでの適期処理

図3−89　2回目のジベレリン処理
左の房は大きすぎるので，支梗を2～3段落として，右の房のようにして処理する（2回目処理コップの200cc目盛りまでの大きさの房にする

一新梢一花穂（とくに強い新梢は二花穂）にし、できるだけ花穂のすすみぐあいをそろえて摘房整理する。そして八分咲き以降の花穂が五〇％くらいになった時期に、フルメット五ｐｐｍを加用して一回で処理（一斉）するとよい。こうすれば、省力化と労力調整ができて生産安定もはかれる。

図3―90　ベレーゾン期前の好適樹相
摘心1回で副梢が止まっている中〜弱の樹相カッタクルガン

(4) 果粒肥大期の管理

①摘房の判断は見た目でなく計算で

短梢では、結果枝がそろい一果房当たりの葉面積がほぼ同じで、房への同化物質の転流も大差ないので、房の重さもそろいやすい。なお、収穫前の好適樹相は図3―90・91のようになる。また、着房している結果枝の数もわかりやすいので、目標収量と房重から計算して着房数の目安をつけたうえで摘房作業をすすめる。

図3―91　収穫時の好適樹相
副梢が適度に止まっているピオーネ

計算の方法は、着房している主枝の総延長が三五〇メートルで目標収量を一六〇〇キロとした場合は、一六〇〇キロ割る三五〇メートルとなり、一メ

表3―3　ピオーネ（種なし）の着房・着粒数の目安

目標収量 Ⓐ	目標果房重 Ⓑ	10a当たり房数 Ⓒ〔Ⓐ÷Ⓑ〕	主枝間隔2.2m 1m当たりの房数	主枝間隔3.3m Ⓒ÷450〔300〕	1粒重別の1房当たり必要粒数 16g	17g	18g	19g	20g
1,400kg 1,600 1,800	g 450	3,100房 3,600 4,000	7房 8 9	房	粒 28	粒 27	粒 25	粒 24	粒 23
1,400 1,600 1,800	500	2,800 3,200 3,600	6 7 8	9 11 12	31	30	28	26	25
1,400 1,600 1,800	600	2,400 2,700 3,000	5.5 6 7	8 9 10	38	35	33	32	30

10a当たり主枝の総延長は2.2m幅で450m，3.3m幅で300mとして計算
1m当たり新梢数は，1m当たり着房数と同じか，それ以上の新梢数が必要となる

ートル当たりの収量は四・六キロとなる。一粒一七グラム、一房三〇粒平均とすると一房重は五一〇グラムとなり、四・六キロ割る五一〇グラムで一メートル当たり九房が必要となる。したがって、主枝一メートル当たり片側四、五房を目安に仕上げ摘房をすれば、目標の収量が確保されることになる。

　摘房以後、予備摘粒、二回目のジベレリン処理や袋掛け、予備摘粒、さらに新梢管理や病害虫防除と、短期に重要管理が集中して重なる。そのため、表3―3・4・5を参照に仕上げ摘房で房数を限定して、その後の管理を手順よく効率的にこなしていくことが肝心である。

　短梢でジベレリンにフルメットを混用して処理すると、房揃いがよくなるため、摘房しにくくなるが、着果不足より着果過多が怖いので、仕上げ着房数のチェックは厳しく行なう。

②摘房後の副梢の摘心と十分な灌水で肥大促進

　果粒の肥大促進には、果軸を太く果粒の色を濃くする管理が大切となる。それには、新梢の一律摘心後に副梢の伸長が盛んとなる六月中〜下旬に強い副梢の摘心を行なう（図3―92）。また、この時期、細根の発達に合わせて蒸散量も多くなるため、天候を考慮しながら十分な灌水を行ない、葉のストレスをなくして同化能力を高め、果房への物質転流を盛んにする。

③品種別摘房・摘粒の判断と収量調節

　品種別には、表3―4・5を参考に

表3−4　種なしピオーネ以外の品種の収量調節の目安表（表3−5　品種別1粒重と1房重を参考）

	目標収量 Ⓐ	平均目標果房重 Ⓑ	10a当たり房数 Ⓒ〔Ⓐ÷Ⓑ〕	主枝間隔2.2m	主枝間隔3.3m	1粒重別の1房当たり必要粒数									
				1m当たりの房数　Ⓒ÷450		4g	5g	6g	7g	8g	10g	12g	14g	16g	18g
	1,400kg		4,700房	10房	房	粒	粒	粒	粒	粒	粒	粒	粒	粒	粒
	1,600	300g	5,300	12		75	60	50	43	38	30				
	1,800		6,000	13											
	2,000		6,700	15											
	1,400		3,500	8											
小粒系	1,600	400	4,000	9		100	80	67	57	50	40				
	1,800		4,500	10											
	2,000		5,000	11											
	1,400		2,800	6	10										
	1,600	500	3,200	7	11	125	100	83	71	63	50	42	36	31	28
	1,800		3,600	8	12										
	2,000		4,000	9	13										
	1,400		2,400	5	8										
大粒系	1,600	600	2,700	6	9						60	50	43	38	33
	1,800		3,000	7	10										
	2,000		3,300	7.5	11										
	1,400		2,000	4.5	7										
	1,600	700	2,300	5	8						70	58	50	43	39
	1,800		2,600	6	9										

10a当たり主枝の総延長は2.2m間隔で450m，3.3m間隔で300mとして計算
1m当たり新梢数（結果枝）は1m当たりの房数と同じかそれ以上の新梢数が必要
表の使い方例：ベリーA種で目標収量1,800kg1房重400gまで1粒重を7g目標とした場合は，10a当たり房数4,500房，1m当たり着房数10房で1房粒数57粒とする

表3－5　品種別1粒重と1房重の目安

品　種　名	1粒重	1房重	品　種　名	1粒重	1房重
甲斐美嶺	4～ 5g	300～400g	巨峰	13～20g	400～500g
ノースブラック	4～ 5	250～300	甲斐路	8～16	400～600
ノースレッド	4～ 6	250～300	リザマート	11～16	400～500
スチューベン	3～ 5	300～350	藤稔	15～25	400～600
甲州	3～ 5	300～400	高妻	17～20	400～600
キングデラ	3～ 4	300～400	多摩ゆたか	13～16	350～400
ハニーシードレス	4～ 5	250～350	さがみ	10～12	300～400
サニールージュ	5～ 6	300～350	シナノスマイル	15～18	350～450
キャンベルアーリー	5～ 7	350～400	ルーベルマスカット	10～12	500～600
紅ピッテロ	5～ 8	300～400	赤嶺	8～15	400～500
ベリーA	6～ 8	350～450	ロザリオ・ビアンコ	8～14	400～600
サマーブラック	7～ 8	400～450	紅伊豆	13～18	350～400
ネオマスカット	7～10	400～450	ゴルビー	16～20	350～450
高尾	7～10	400～500	甲斐乙女	10～11	400～500
陽峰	8～10	300～400	翠峰	14～16	350～450
宝満	8～10	300～400	ハニービーナス	10～12	350～400
博多ホワイト	8～10	250～350	ロザリオロッソ	10～11	400～600
紅高	8～10	400～600	カッタクルガン	15～18	400～600

図3－93　予備摘粒の果房

2回目ジベレリン処理前に，内向き果，ショットベリー，カボチャ果などを予備摘粒する（1房35～40粒）

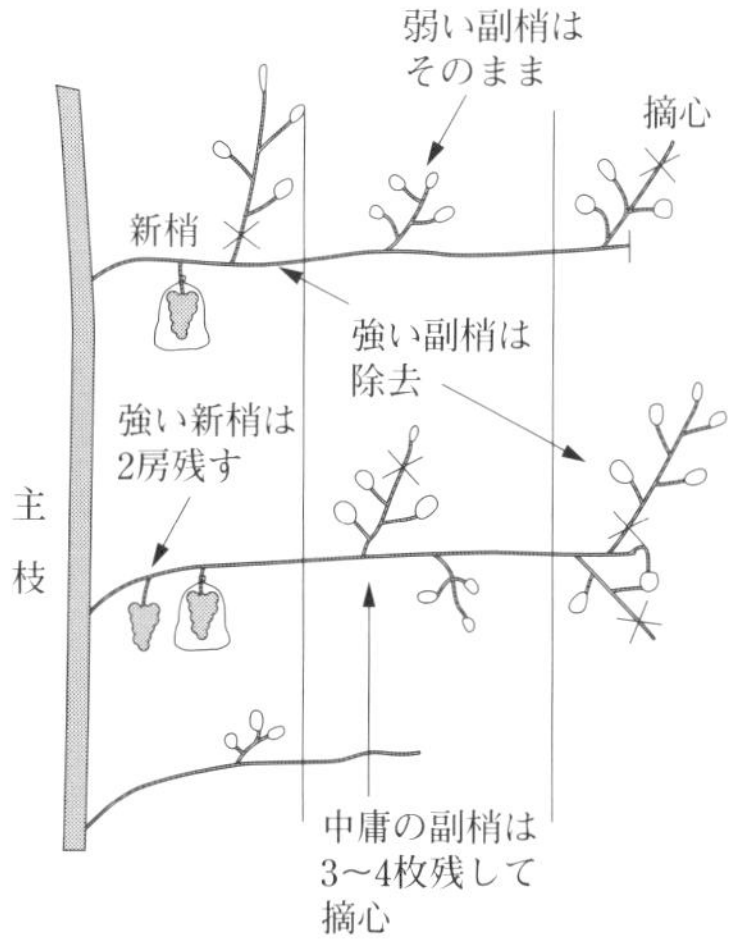

図3－92　新梢一律摘心後の副梢の摘心

強い副梢は基部から整理する。中庸の場合には3～4枚残して摘心し，弱い場合にはそのままにするして行なうが、糖度のあるおいしいブドウに仕上げるためには、いずれの品種も大房で着果過多にしないことが第一である。着果過多は、糖度不足や着色不良を招き裂果もしやすく、収穫の遅れとなる。とくに、赤系品種と白(緑)系品種は、房の大きさ、収量ともに、多い(大きい)より少ない(小さい)ほうがよい。

図3—94　仕上げ摘粒を終えた果房（ブドウ型）
着粒数31粒　1粒重19g　目標房重600g

④種あり果の摘粒の注意点

種あり果の摘粒は、有核果と無核果の判断ができるようになったら始め、二〜三回で仕上げる。無核果粒、小粒、傷果、ミカンキイロアザミウマなどによる被害果、汚染果などを優先的に摘粒する。内向き果粒を取り、外向き果粒を残す(図3—93・94)果梗の切り残しのツメ(種なしピオーネの生育ステージと管理作業参照)は、裂果の原因となるので基部から除去する。花カスは、灰色カビ病の感染源になるので摘粒作業の折に筆で落とすか、果粒がマッチ頭大のときにコンプレッサーで吹き飛ばす。

表3—6　各要素の葉面散布濃度

（細谷, 1992）

要　素	資材名	散布濃度
窒素	尿素	0.4〜0.5%
リン酸, カリ	第一リン酸カリ	0.2〜0.5
カルシウム	塩化カルシウム	0.2〜0.5
マグネシウム	硫酸マグネシウム	1〜2
ホウ素	ホウ砂	0.2 (生石灰の0.2%混合)
マンガン	硫酸マンガン	0.1〜0.2

⑤液肥の葉面散布で肥大促進

新短梢栽培の樹相は、前にも触れた

が（第3章8(1)②「種なし・種ありとも好適樹勢は中庸」）、種なし、種ありともに新梢が中庸から弱い樹勢にあることが好ましく、生殖生長型の樹勢のほうが管理作業が楽でよい成果が得られる。そのため、草の根による土づくりを基本管理に、葉面散布剤の有効活用をはかる（表3―6）。土壌施肥では多すぎた場合は、取り除くことができないため、樹勢は旺盛となりコントロールがむずかしい。それに対して葉面散布剤は、肥効が早く現われ切れもいいため、量や回数を加減でき、生育をみながら適確な時期に必要な要素を吸収させることができる。中庸から弱の樹勢維持をはかるには、土壌への施肥管理で樹勢を七〇〜八〇％に維持し、残りの二〇〜三〇％を葉面散布で補う方法がやりやすい。

果粒肥大からベレーゾン期にかけての葉面散布は、樹勢維持のための窒素の補給か、特定要素欠乏（マグネシウム、ホウ素、マンガン）による生理障害への対策＝品質向上を目的とした植物活性剤の利用のいずれかで、昨年の生育・収量や今年の樹相を判断して行なう。濃度は表3―6を目安に高くしないで、日中は避けて朝霧の晴れた午前中に散布する。また、葉面散布剤の多くが水に溶けて酸性となるため、アルカリ性農薬との混用は行なわない。葉面の吸収をよくするために、界面活性剤の展着剤を添加して散布する（メリットなどの液体微量要素複合肥料は、界面活性剤が添加されている）。

(5) 着色促進と収穫作業

ベレーゾン期から着色期にかけて、葉からの光合成物質（炭水化物）を無駄なく、房へ転流させることが、着色がよく糖度の高いブドウ生産には欠かすことのできない要件である。

そのためには、成葉でできた炭水化物を消費する、新梢をカットすることと、着果過多による供給不足をなくすことが大切になる。そのため、伸びている新梢のカットと、ベレーゾン期前の仕上げ摘房は同時期に行なうのがよい。なお、仕上げ摘房は果実の肥大量二〇％増を見込んだ房数に整理する。こうして余分な果房を整理し枝の伸長を止め、同化物質（炭水化物）の果実への転流を促進させて、糖度をスムーズに上昇させ、着色を促進させる。

また、この時期の葉色はカラーチャートで六〜七が必要で、葉色がうすすぎたりマグネシウム欠乏症がみられると、一気に着色せず、玉伸びも悪くなる。その対策には、窒素の入った液肥（葉色がうすい場合は尿素でよいが、欠乏症状がみられる場合は総合微量要素入りの液肥を使う）を二〜三日間隔をおいて二回くらい葉面散布する。

さらに、軟化期前後の土壌水分の不足は果粒の肥大と裂果の原因となるので、着色盛期までの水分不足に注意する。乾燥する場合は、二〇ミリ以上の灌水をする。

この栽培での着色は主枝の先端部分から始まり、先端部と基部の強い結果枝とで四～五日の差が生じるため、基部の着色・糖度（一八度以上）を確認したうえで、先端部からいっせいに収穫する。

(6) 収穫後の管理は来年のスタート

①灌水と葉の保護で樹体を回復

新短梢栽培は、誘引線から第一支線の間の結果枝に出ている本葉五～六枚が傷み、早期落葉をおこしやすい。そのため、収穫直後の灌水（二〇～三〇ミリ）や、葉の保護のためのボルドー液（四―四式）に植物活性剤（葉友二〇〇〇倍液＝動・植物〔二二種〕から抽出したアミノ酸を濃縮した生理活性剤）を混用して散布し、根の活性と樹体の回復をはかる。また、ベト病や台風などにより葉の損傷が多い場合や樹勢の弱い場合は、早期に樹勢の回復をはかるため、尿素の〇・五％液の葉面散布を一～二回行なう。

②遅伸び枝の切返しで萌芽の不揃いを防ぐ

主枝基部や部分的に強い結果枝の遅伸びを放置すると、結果母枝の太さにバラツキが多くなり、翌年は萌芽の不揃いに始まりその後の管理に手がかかるため、必ず主枝間の中央で切戻しを行なう。時期は収穫後から九月下旬までである（図3―70参照）。

③礼肥のみで元肥は施用しない

新短梢栽培は、計画密植（三三～二〇本）で一樹当たりの樹冠が小さく（三〇～五〇平方メートル）、一樹当たりの結果負担が少ない（一〇アール当たり一六〇〇キロでは、四八～八〇キロ）ので、収穫後の樹体回復と貯蔵養分蓄積は礼肥で十分である。かえって、施肥量が多すぎたり元肥の施用時期が遅れると、肥料の分解が遅れて六月になるため、遅効きとなり新梢の遅伸びや、樹勢強化を招き、問題が多くなる。また六月は雨が多いので、環境保全（地下水の汚染）の面から、元肥は施用しない。

礼肥は、堆肥二〇〇〇キロ（草生四年目以降は一〇〇〇キロでもよい）と乾燥鶏糞一五〇キロである。そのうち四〇％を秋肥として発根促進と貯蔵養分の蓄積のために、収穫後（九月下旬）に樹幹から半径一メートルの範囲に施用する。残りの六〇％は、草のために、九月下旬～十月上旬に、ライムギを播種する前に園全体にばらまき施用する。西南暖地では早くまくと草丈が伸びて寒さに弱くなるため、十月中旬～十一月上旬にまくのがよい。草生四年目以降になると、根による土壌改善がすすみ有効土層も深くなるので、鶏糞の施用量は各樹の樹勢をみながら調整する。樹勢が強い場合は一～二年の間樹幹周りの施用はしない。

④十二月上旬までは十分に灌水する

十月以降は比較的降水量が少なく、二〇日以上雨の降らない日が続く年がしばしばある。土壌水分が少ないと肥料の分解や発根促進と貯蔵養分蓄積にマイナスに作用するため、天候とライムギの生育（日中ライムギの葉がしおれたり、下葉の黄化がみられたら灌水が必要）などから判断して、十分な灌水を行なう。

草生栽培での灌水は、一回の灌水量をたっぷり行なう。散布回数が多く、一回の灌水量が少ない散布方法では、深くまで水を浸透させることができないため、大部分が草に利用され、ブドウは水分不足となる。十月以降の一日当たりの消費量二～三ミリを目安に一回で三〇ミリは灌水する。

なお、冬季の灌水は十二月上旬までで、十二月中～二月下旬までの厳寒期の灌水は幹が凍害を受けやすくなるため行なわない。

(7) ハウス栽培での留意点

①ハウス、棚の設置と植付け位置

ハウスの方向は、谷部による日陰の影響を少なくするため、南北棟とする。棚は、露地栽培と同じに誘引線を設置して、身長プラス一〇センチの高さとする。

ハウスの広さで違ってくるが、六メートル幅の場合は、谷部への植付けは避けて、光線利用率のよい図3—95のような二通り植えとする。

②必ず灌水施設を設置する

ハウス栽培での水管理は、栽培の良否を左右するため、まず苗木の植付け位置を定めて、灌水施設の設置を行なう。設置位置は、根群域の多い幹から二メートルの範囲に十分灌水ができるようにする。理想としては、図3—95のように棚面に配管して、棚下、棚上の両方に散水利用できるミニスプリンクラーがよい。なお、ミニスプリンクラーは目詰まりしやすいため、散水容量より大きめの濾過器を設置し定期的な清掃を行なう。傾斜の圃場では、傾斜の上下で散水量が同じになる設計を行なうことが大切である。

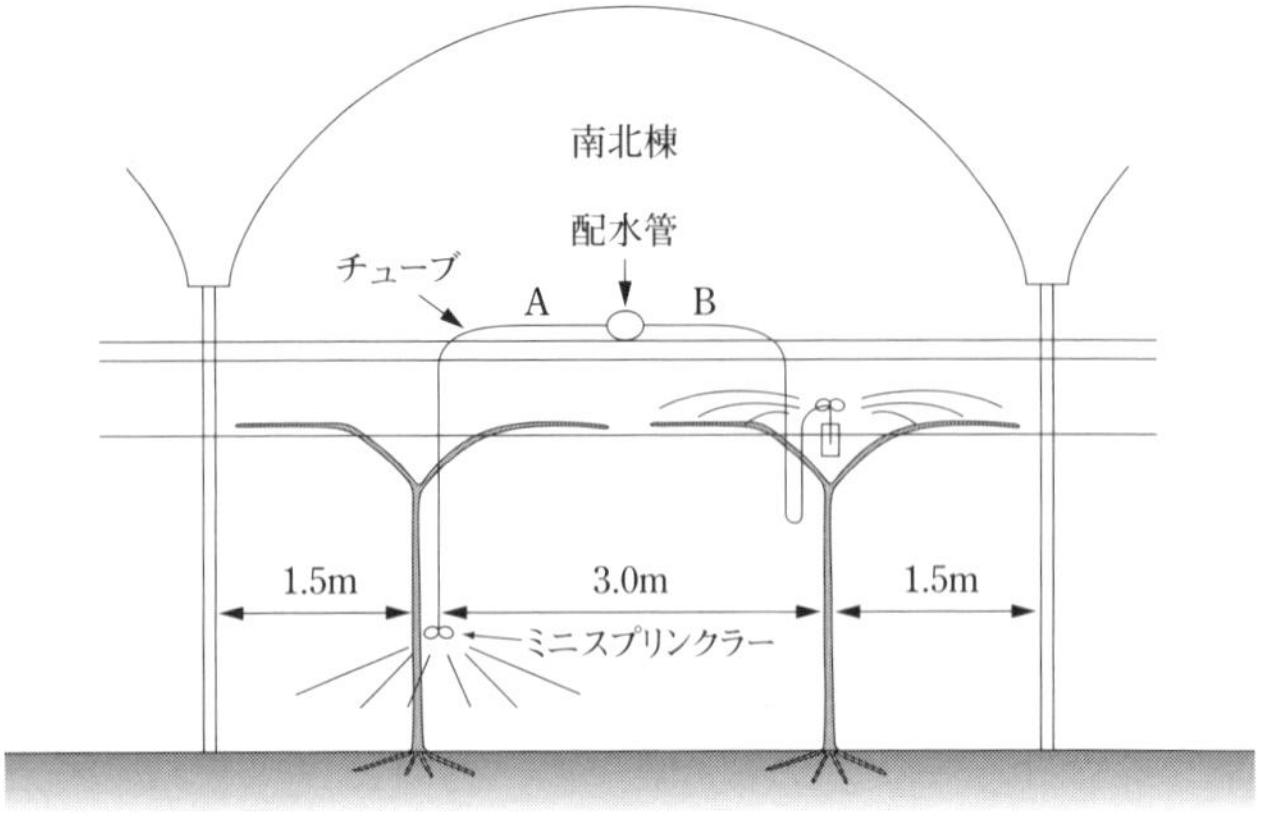

図3—95　ハウスでの植付けと灌水施設の設置

棚下散布はAのようにチューブを下げて行なう
棚上散布はBのように主幹上の棚面に塩ビパイプを固定し
その穴にミニスプリンクラーをセットして散水する

表3—7　種なしピオーネ・ハウス（半加温）の温湿度管理体系

	温度(℃)		湿度(%)	灌水(mm)
	昼	夜		
被覆	35	保温	90	◎被覆前30　被覆後10
ブルージング～萌芽	30	保温	90	○10
発芽始め	25～28	20	80～70	
展葉期	25～28	16～18	60～70	○20
新梢伸長期	25～28	16～18	50～60	○20
開花始め	25～30	20	50	○乾いている場合10
第1回ジベレリン処理	25～28	18～20	50～60	○20
第2回ジベレリン処理～果粒肥大期	30以下	20	50～60	◎20～30
着色～収穫期	30以下	外温	外湿度	◎ベレーゾン前20～30

③栽培管理のポイント（表3—7を参照）

被覆一週間前（二月下旬）に十分に灌水を行なう、さらに被覆後に一〇ミリ程度の灌水を行なう。

被覆からブルージングと萌芽までは、高温多湿の管理で萌芽をそろえる。湿度が低いと枝が乾いて萌芽不揃いとなる。遅れている芽が萌芽してから天窓換気で湿度を下げる。なお、側窓換気は地温を下げるので行なわない。

発芽～新梢伸長期　発芽から開花までの温度管理は、新梢の伸長を抑えて、花穂の充実をはかるために、日中の高温管理を避けて夜温を低めに管理する。なお、摘房は、露地栽培同様に一新梢一果房、強い新梢は二房に整理する。芽かきは、樹勢の強弱に関係なく、新梢誘引時に新梢をそろえる程度で軽く行ない、葉面積を確保して初期生育と根の活動を促す。また、葉色がうすく生育の弱い場合は葉面散布剤（メリット青の三〇〇倍液を一〇アール当たり一〇〇リットル）を二～三回行なう。

誘引、摘心などの管理は露地（雨よけ）栽培に準じて行なえばよい。誘引は、開花始めまでに強い新梢から順次行ない、平行誘引とする。一律摘心は、開花前に行ない、花穂への同化物質の転流をはかる。強い新梢は七〇センチくらいで摘心し、先端の副梢を第二支線まで伸ばして再度摘心する。

開花〜成熟期の管理　花穂の整形は、開花直前から始め、三・五センチに整形する。開花期の低温・多湿は結実不良や病害発生の要因になる。また、結実後の水分不足と夜温の低下は、果粒肥大を抑制するので注意する。

ベレーゾン期前に伸びている副梢を摘心して伸長を抑え、最終摘房を行なう（一六〇〇キロ）。副梢に二番花房が発生するため早めに整理することが大切である。

収穫・収穫以後の管理　収穫は、着色がすすんでいるわりに、酸が抜けていないので、酸抜けして味がのってから食味重視で行なう。

本葉の老化が早いので収穫後の樹勢回復に努める（灌水と窒素のお礼肥）。また、収穫後にエンバクを五キロ播種して、穂の出る前に（六〇〜七〇センチ）刈り取る。棚を暗くしている遅伸び枝は摘心する。収穫後のベト病感染にも注意が必要で、定期的に農薬を散布する。

第4章

草生栽培の実際

1 ブドウ園の草生はなぜ必要か

近年のブドウ園の土壌は、ＳＳなど大型機械で土が固められ（ゴムタイヤは地表面よりその地面下一〇～二〇センチの根群域が締まってしまう）土壌が単粒化している。粗植で一樹の生産負担が大きいため、樹体の維持をはかるのに肥料が必要以上に使われる傾向があり、土は「肥満体」となり、しかもバランスを崩している。ブドウの正常な生育を維持するためには、表4—1の基準範囲内に各要素のバランスを保つことが必要であるが、近年のブドウ園では土壌の上層（一〇～二〇センチ）と下層（三〇～五〇センチ）での要分の差が大きくなっている。また、カリ過剰のため、苦土欠乏症状の園が多く見られる。

ブドウは、石灰、苦土の要求度の高い植物であり、そのため土壌中の石灰、苦土、カリのバランスを適正に保つ必要がある。

また、除草剤の使用が多くなるにしたがって、土壌の単粒化がすすみ、小動物や微生物も減らしている。その結果、根群、とくに細根が発達せず、不安定で生産量が上がらないだけでな

表4—1　ブドウの土壌診断基準　（山梨県農政部）

		欧州系			米国系，欧米雑種		
土壌		砂質土	壌～埴質土	火山灰土	砂質土	壌～埴質土	火山灰土
pH			6.5～7.5			6.5～7.5	
塩基飽和度（%）		80～100	70～100	70～100	80～90	70～90	70～90
交換性塩基 上段：mg/100g 下段：飽和度%	石灰	120～350	250～500	300～600	120～300	250～400	300～500
		(70～90)	(60～80)	(60～80)	(60～80)	(50～70)	(50～70)
	苦土	20～40	30～60	40～70	20～40	30～60	40～70
		(10～15)	(10～15)	(8～15)	(10～15)	(8～12)	(8～12)
	カリ	15～30	25～50	30～60	15～30	25～50	30～60
		(4～ 8)	(4～ 6)	(4～ 6)	(4～ 8)	(4～ 6)	(3～ 6)
苦土/カリ		1～ 3	1～ 3	1～ 3	1～ 2	1～ 2	1～ 2
石灰/苦土		5～10	6～12	6～12	5～10	5～10	5～10
有効態リン酸（mg/100g）		20～60	20～60	20～40	20～60	20～60	20～40
作土の厚さ（cm以上）		50	50	50	50	50	50
根群域のち密度（mm以下）		20	20	20	20	20	20
孔隙率（%以上）		12	12	12	12	12	12
透水係数（mm/秒以下）		10^{-4}	10^{-4}	10^{-4}	10^{-4}	10^{-4}	10^{-4}
地下水位（cm以下）		80	80	80	80	80	80
備考		化学性は5～20cmの深さから均一に採取し混合・乾燥した土壌を対象とする			化学性は5～20cmの深さから均一に採取し混合・乾燥した土壌を対象とする		

く品質のバラツキも多くなっている。といって、ブドウ農家の兼業化、高齢化がすすんでいる現状では、深耕して堆肥を投入する従来の土づくりは大変むずかしく取り入れにくい。

　その両方を補うために、私は草生栽培をすすめている。草生は、人や機械が行なう以上に園全体を平均に深耕し、小動物や微生物を増やし、土壌を団粒化して園地の保水性や排水性がよくなる。兼業化、高齢化の中での土づくりの方法として、草生栽培が重要となっている。

　とくに新短梢栽培は、草生によって土壌構造（物理性、微生物性、化学性）を改善して（表4―2・3）、ブドウの細根量を多く根群域を深くして、チカラのある中庸な生育にすることが省力と生産安定につながる。そのためには、草をよくつくり草の根を活用した、養分の循環型システムをつくりあげることが重要となる。

表4－2　土壌表面管理の違いが土壌物理性に及ぼす影響　（長野果試, 1989）

地表面管理	深さ(cm)	仮比重	固相率(%)	減相率(%)	気相率(%)
清耕	10	0.90	33.6	51.5	14.9
	40	0.89	34.1	50.5	15.4
ワラマルチ	10	0.77	28.3	48.6	23.1
	40	0.98	37.5	48.0	14.5
草生	10	0.75	27.7	47.1	25.2
	40	0.82	29.5	40.5	30.0

表4－3　地表面管理法と微生物量

（深さ0～30cm・10a当たり）（長野果試）

地表面管理	菌体炭素(kg)	菌体窒素(kg)	土壌の全窒素(kg)	菌体窒素/土壌の全窒素(%)
清耕	32.0	4.9	603	0.81
草生（オーチャードグラス）	85.2	13.1	788	1.66
ワラマルチ	35.8	5.5	609	0.90

平成2年ブドウ（キャンベルアーリー）園での結果

（地表面管理は8年目）

微生物量は，微生物の含む窒素量として表示した

清耕は除草剤により保つ

敷ワラは10a当たり1.5t

　土壌に吸着されない硝酸性の窒素は、降雨などで地下水として流亡しやすい。しかし、草の根が流亡しやすい硝酸性の窒素を吸収して、流亡を抑えるとともに、青刈り・敷き草することにより茎葉から再度土壌に供給されて、窒素の循環型を生み出し土を肥やしていく。このように環境保全の面からも草生栽培の役割は大きいといえる。

2 草生の問題点を克服する管理の要点

　しかし、ブドウは、根の分布が浅く葉からの蒸散量も多く、草と養水分の

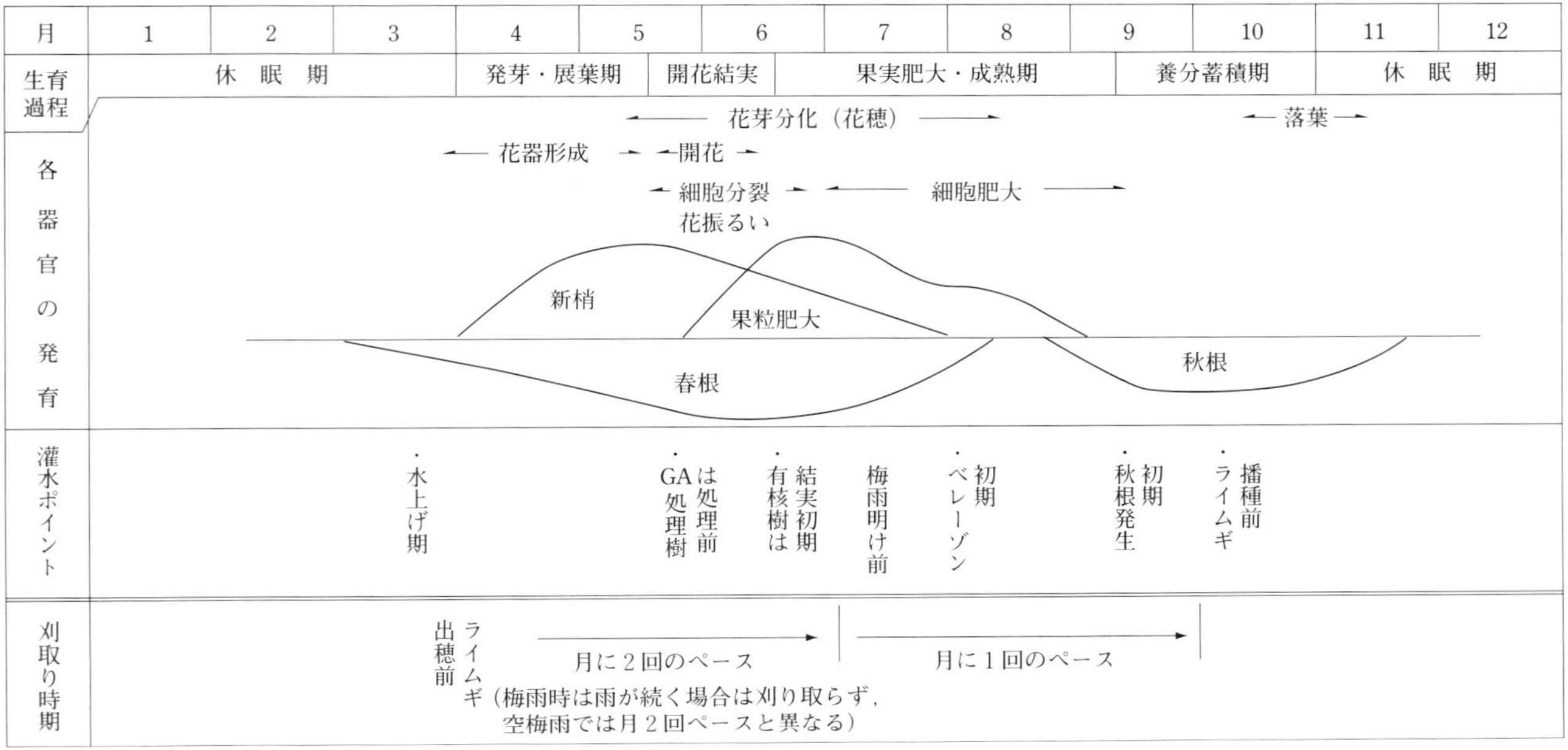
月
1
2
3
4
5
6
7
8
9
10
11
12
生育過程
休眠期
発芽・展葉期
開花結実
果実肥大・成熟期
養分蓄積期
休眠期
各器官の発育
花芽分化（花穂）
落葉
花器形成
開花
細胞分裂
花振るい
細胞肥大
新梢
果粒肥大
春根
秋根
灌水ポイント
・水上げ期
・GAは処理前処理樹
・結実初期有核樹は
梅雨明け前
・初期ベレーゾン
・初期秋根発生
・播種前ライムギ
刈取り時期
ライムギ出穂前
月に2回のペース
月に1回のペース
（梅雨時は雨が続く場合は刈り取らず，
空梅雨では月2回ペースと異なる）

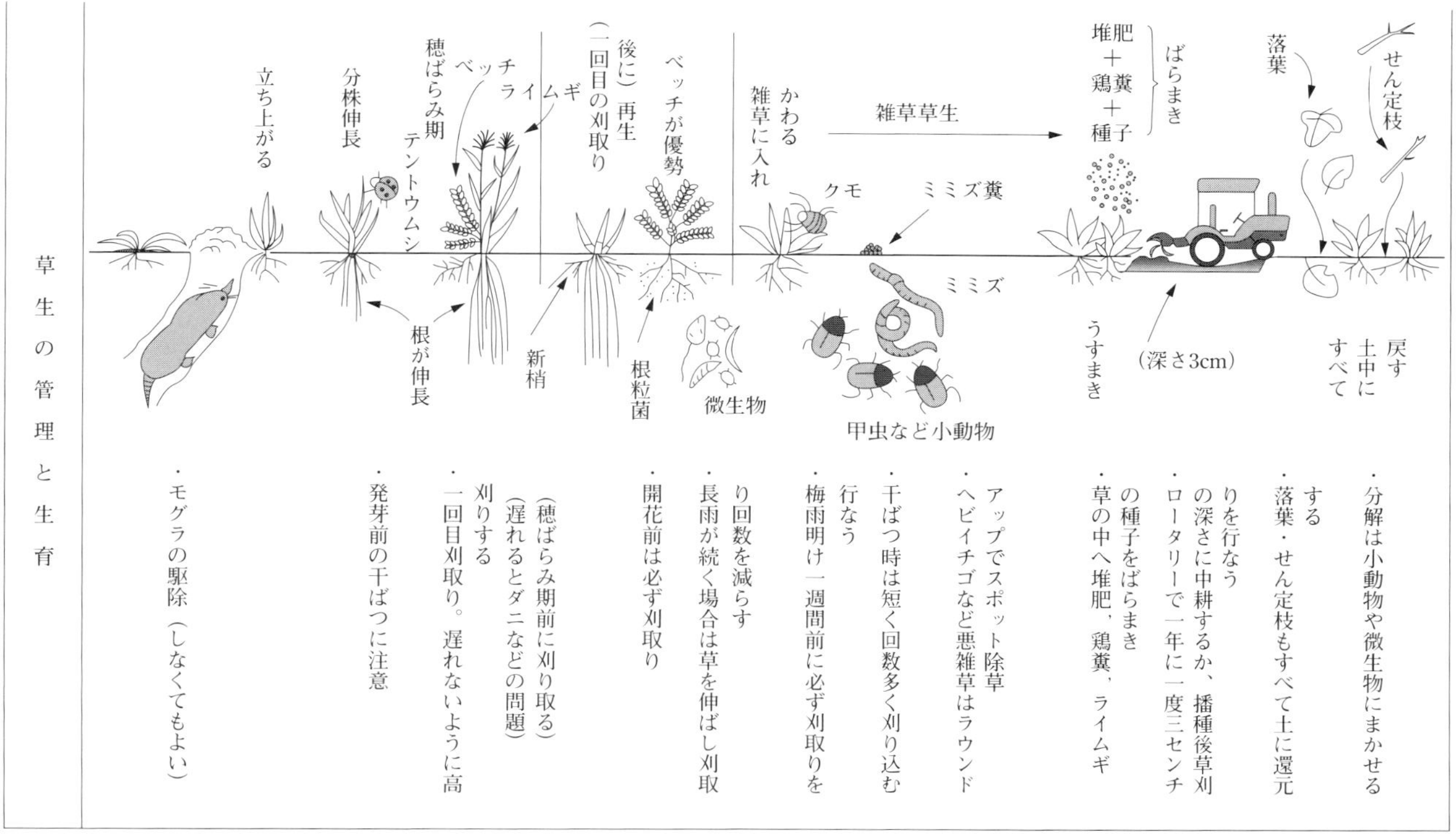

図4−1　ブドウの生育ステージとライムギ草生の管理作業　（小川）

競合をおこしやすい。また開花・結実などの生理もモモやナシなどの果樹に比べて敏感で、生理障害をおこしやすく、結実や生産不安定につながる。それを防ぐには、図4―1のようにブドウの生育ステージに合わせた刈取りと、灌水を行なうことで、養水分の競合を小さくすることが重要になる。こうした作業をスムーズに行なうには、灌水施設の設置や草刈り機を導入するなど、草種の組み合わせも考えた刈取りの体系化をはかりたい。

　また、草との養水分競合を少なくするためには、ブドウの根群域を深くすることと細根量を多くすることが大事になる。そのため、草の根による土壌の物理性改善の効果が現われる、草生を始めてから三年間は、とくに草刈りの時期と回数が重要といえる。この期間の管理の仕方によっては、ブドウの樹を衰弱させてしまうこともある、要注意期間である。

3 草生管理の実際

(1) ライムギ、ベッチの混播と雑草草生

　草生は、春から梅雨まではライムギとヘアリーベッチの混播、それ以降収穫までは雑草草生がよい。ライムギとヘアリーベッチは以下のような別々の効果があり、混播することで両方の効果が期待できる。また、種類の違った多様な根圏微生物群の繁殖も期待できる。

①ライムギの根が人に代わって深耕

　ライムギは、地上部の丈と同じかそれ以上に根が深く入る（播種後四カ月の一株当たりの根の全長が五〇〇メートル以上　表面積は二〇〇平方メートル以上との報告がある）だけでなく細根量も多く再生力があるので、草生栽培用作物として適している。一回目の刈取りまでは草丈を伸ばして、根を深く張らせ、二回目以降は回数多く刈ることで細根量を多く発生させることによって、園全体を平均に深耕して、土中にたくさんの空気穴（根穴）と微生物や小動物を繁殖させ、有効土層の拡大をはかる。また、刈り取られた茎葉部分はカリの即効性肥料として働き、追肥としての効果も大きい。

②ベッチが根粒菌や微生物の活動を促進

　ベッチなどのマメ科植物は、ライムギより浅い部分での根量が多くなり、根粒菌の働きで空中窒素を固定し、根から栄養豊富な分泌物を出して、根圏

微生物（根から五ミリ以内）を繁殖させ土壌を肥沃化させる働きがある。また、刈り取られた茎葉部分は、主にベッチの場合窒素の即効性肥料として働き、追肥としての効果も大きい。ヘアリーベッチのかわりに、同じマメ科の野草のカラスノエンドウやスズメノエンドウを使ってもよい。これらは野生種で日本中どこにも多いし、開花が早く、種子の結実をみて刈取りができるので播種しなくても毎年繁殖する（ヘアリーベッチは毎年播種が必要）。ただ、アブラムシが発生しやすいことと、刈取りが遅れるとダニの発生が多くなるので注意する。なお、アブラムシは、殺虫剤の散布を減らすと天敵のテントウムシが多くなり発生してもブドウにはほとんど問題にならない。

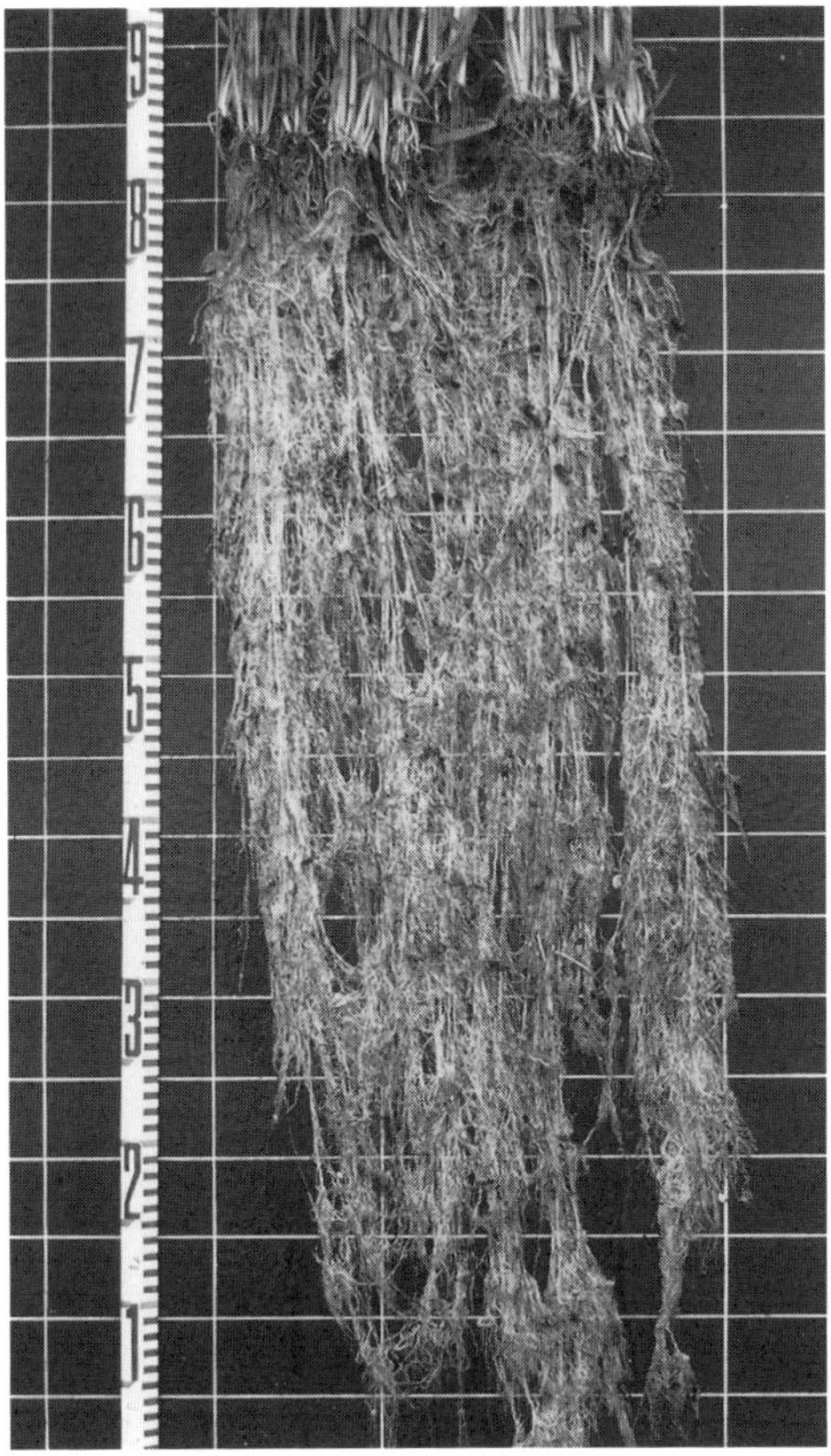

図4－2　ライムギの根
深さ80cmまで土を深耕する

③樹間、幹周りの区別なく全面に播種

果樹の土づくりは、幹周り半径二メートル以内に六〇％以上の根が分布しており、養水分の競合を避けるため、樹幹周りは清耕もしくは敷きワラを行なう、部分草生が一般的である。しかし、毎年敷きワラができればよいが、誰もができることではない。また、これでは根の多い樹幹周辺と草生部との差ができてしまう。

とくに新短梢栽培は一樹の面積を五〇平方メートル以下としており、根を遠くに走らせずに樹勢を抑えるには、幹周りの土壌改良が重要である。そのため、樹間、幹周りも関係なくライムギを全面播種して園全体を同じ土壌構造にする。ただし、草生三年間は競合をおこしやすいので、樹勢をみながら幹周りの刈取り、灌水、追肥などの管理に留意する。

④ロータリーモアで頻繁に草刈り

草生栽培では、年間の刈取り回数が多いほど、根の量や緑肥量が多くなり、養水分の競合も少なくてすむ。刈取り位置を五センチと高めに設定し、ライムギの再生力を高めて、四月から六月の三カ月間で五～六回刈取りを行なうようにする。ちなみに、私は草刈り機として乗用ロータリーモア（佐藤農機「SRM一〇〇〇VF」 刈り幅一メートル）を使っている。一〇アールで二時間以上かかっていた草刈りが三〇分で終わり、燃料も少なくてすむ。年八回草刈りをするとして七二〇分の短縮となる。機械操作も簡単で安全性も高く、誰にでも使うことができる。

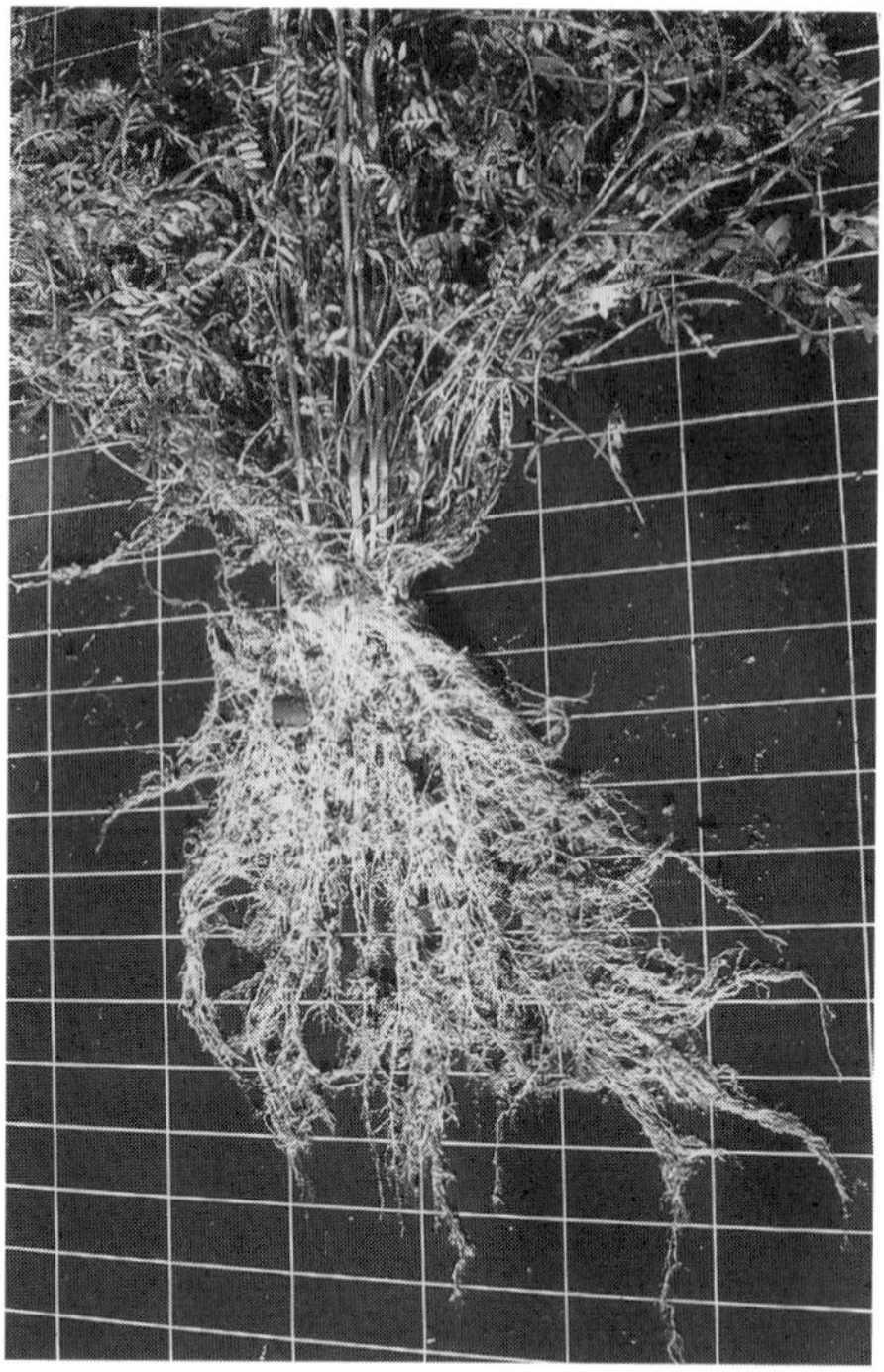

図4—3　ベッチの根と根粒
深さ40cmほどで表土層を広く耕す。根には無数の根粒が着生している

⑤早め早めの草刈りでダニ、アブラムシなどを防ぐ

ブドウ園で下草から樹へ移動する虫として、ダニ（ナミハダニ、カンザワハダニ）、アブラムシ、最近多いミカンキイロアザミウマがあげられる。これらの害虫が多く発生して移動するのは、ライムギもベッチも生育がすすんでC／N率（炭素率）が高くなる開花期からである。したがって、一回目は穂ばらみ期前に早めに刈り取る。また二回目の刈取りからは、窒素含量が高く緑が濃く虫の発生が少ない、草丈二〇～三〇センチのうちに園地の周辺も含めて早め早めの刈取りを行なえばほとんど問題はなく、薬剤散布の必要はさほどなくなる。

(2) 春から梅雨までのライムギ、ベッチの管理

春から梅雨までの期間は、萌芽・開

花結実・果粒肥大の時期にあたり、養水分競合による生理障害がおきやすい。こうしたブドウの生理を考慮しながら草生の刈取りを行なう。

三月に入ると、ライムギは、急速に分けつし伸長を始めるので、土壌水分の利用も多くなる。これと並行してブドウの水揚げ（ブルージング）も始まる。そのため、この時期に土壌水分が不足すると、ブドウの萌芽に影響するので、灌水は遅れずたっぷり行なう。

図4－4　1回目刈取り前（ベッチとライムギの混播）
背の高く細い草はライムギ，背の低く地表部に繁茂している草はベッチ

四月下旬ごろのライムギの穂ばらみ期に一回目の刈取りを行なう（図4―4）。一回目の刈取りまでは、ライムギの根を深く張らせることが目的であるから、刈取りはライムギが十分伸びてから行なう。また成木になるまでの四年間は、一回目に刈り取った茎葉は、株元に寄せておくとよい。

一回目の刈取りが早すぎると（草丈四〇センチ以下）根も浅く、茎も柔らかいため、茎も機械でいためて再生力も落ちるし、緑肥量も少なくなる。遅すぎると（出穂以後）根は深く入るが、茎が硬化（老化）するため、やはり再生力が弱くなる。さらに、遅れるほどカリの茎への蓄積が多くなる。カリの蓄積が多くなったライムギを毎年刈り取って緑肥にすると土壌中のカリの割合が高くなり土壌の塩基バランスがくずれて石灰・苦土などの吸収が抑制され、花振るい、着色不良、糖度の不足などの生理障害になりやすくなる。

五月のブドウの開花直前には刈り取らない。ロータリーモアで刈り込むなら七日、ハンマーモアで刈り込むなら三日ぐらいで緑肥としての肥効が現われ、ブドウの結実に影響するため、満開後に刈り取るようにする（図4—5）。

六月上・中旬のブドウの幼果期には草は伸ばさない。満開からダイズ大の幼果期までに草との養水分競合をおこすと、果実の肥大が悪くなるため、この時期は草を刈り取る。この時期に梅雨に入った場合でも、草を伸ばして土壌中の水分を減らすことより、草との養水分の競合をおこさせないことを優先するため草は刈り取る。

ベッチはライムギとの混播であるため、ライムギの刈取りと同時に刈り取られる。四月下旬の一回目の刈取り後にベッチが優性に繁茂するが、茎葉が弱いため、二回目刈取り以降も繁茂させるには、刈取りの高さを一〇センチと高くしないと続かないので注意する（ライムギ主体の刈取りでは五センチの高さのため、二回目刈取りでベッチは少なくなる）。また、樹勢が強い場合は、ベッチは緑肥としての窒素の供給が多いため四月下旬の一回の刈取りで終わらせる。

図4—5　1回目刈取り後の様子
刈り取った茎葉はそのまま緑肥に用いる

(3) 梅雨期から収穫までの雑草草生の管理

雨の多い梅雨期（六月下旬～七月上旬）は刈り取らない。雨が多いと土の中が水で飽和状態となり、ブドウの細根（毛根）の発生がなくなる。そのため、草を繁らせて蒸散量を多くし、土中水分を減らして酸素の供給をはかる（図4—6）。

梅雨空け前（七月中旬）に刈り取る。梅雨中のブドウの根は、酸素を求めて地表面に発根し、しかも水分過多におかれているため、毛根の少ない根が多い。そのため、梅雨明け後の高温乾燥で根がしおれたり、なくなりやすく、葉からの蒸散量に根の水分供給が対応しきれなくなり、葉やけ（脱水）や宿果症をおこしやすい。これには、根の水分吸収と葉の蒸散との時間差も要因となっている（図4—7）。そのため、梅雨空け一週間前には草を刈り取り、地面を乾かしてブドウの毛根を多く出させ、根の活動を活発化させる。

七〜八月の乾燥期には草を伸ばさない。梅雨空け後ブドウは軟果期にはいり、草との養水分競合をおこすと、果実の肥大や着色、裂果に影響するため、こまめに刈り取る。また、乾燥が続くときは灌水しなければならない。

図4−6　杭下の白クローバー草生の様子（園の周辺）

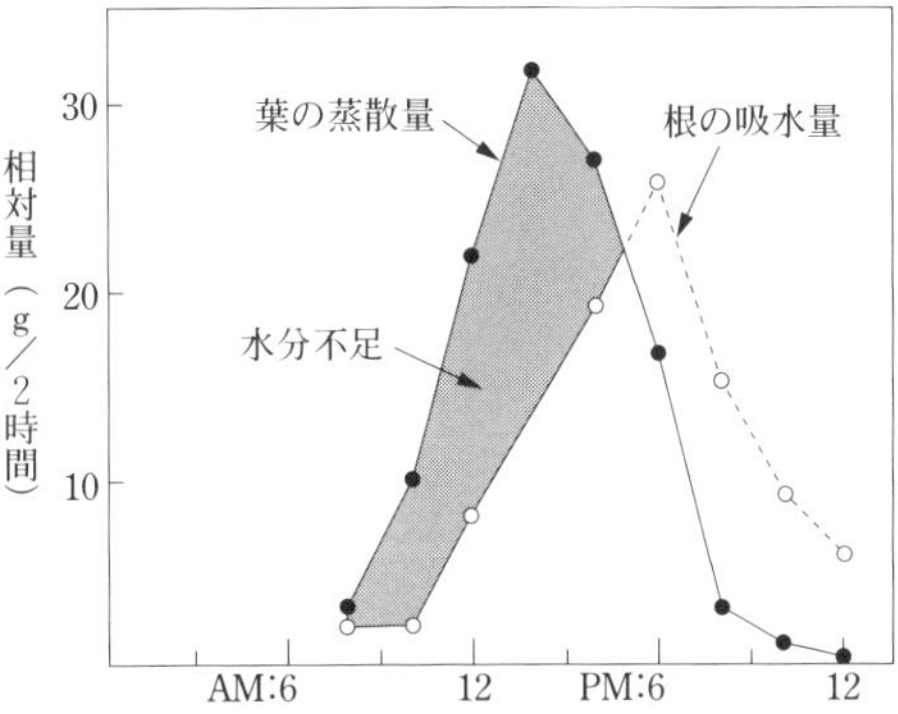

図4−7　根の吸水量および葉の蒸散量の日変化
（クレーマー）

(4) ライムギ、ベッチの播種と施肥

播種時期は中部地方以北で九月下旬〜十月中旬、西南暖地で十月中旬〜十一月上旬であり、播種が遅れると雑草に負ける。播種量は、一〇アール当たりライムギ五キロ、ベッチ二キロを混播する。ライムギの播種量が多いと根張りが悪く再生力が弱くなり、刈取り回数が減る。播種は、雑草が二〇センチ以上に伸びている場合は、草刈りをして草の中にばらまきする。散粒機を使うと一〇アール当たり二〇分くらいでまける（図4—8）。

施肥は、播種前に園全体に堆肥一〜二トン、配合肥料を窒素成分で二〜三キロ程度をばらまきして、播種後トラクターか除草機で、図4―9のように深さ三センチ程度の中耕を行ない覆土する。深く中耕するとブドウの根を傷め、ライムギの発芽が不揃いとなり発根力も弱くなる。なお、配合肥料は一年目だけの施用で、堆肥も三年目からは一トンまでとする。

図4―8　散粒機で雑草の中に播種（10a当たり5kg）

(5) 灌水は一回の分量を多く、間隔は七日以上

土壌の物理性がよくないために生じる、はじめの三年間の水分競合は、樹体を弱めるので注意する。草生栽培での灌水は、草を刈り取った後に一回の灌水量を多く、間隔を七日以上あけてタップリ灌水する。一日の消費量は、春が三ミリ、夏が五ミリ、秋が三ミリ、初冬が二ミリを目安とする。灌水のポイントは、図4―1を参考にして樹体と土壌状態や天候を考慮して行なう。とくに雨よけ施設では、灌水不足にな

図4―9　堆肥＋鶏糞＋種を播種後ロータリーで3cm中耕して覆土

傾斜地でトラクターが使用できない園は，播種後草刈りを行なうことで80％程度の発芽が確保できる

らないように注意する。ピオーネなどの種なし栽培では、ジベ処理の四～五日くらい前の灌水で、ジベレリン処理効果を高め、果実の肥大がはかれるため、乾いている状態のときには必ず灌水を行なう。

(6) 再生を多くするため高刈りする

四月下旬の一回目の刈取りは、ライムギの根を深く張らせることと、有機物の確保を目的にしているので、草丈を伸ばして穂の出る前に刈り取る。刈取り回数が多ければ多いほど、草の発根量が多くなるので、刈取り後の再生を多くするため、草丈五センチくらいの高刈りとする。四～六月はブドウの生育に合わせながら二週間に一回のペースで、七～八月の乾燥期は草を伸ばさないように月二回、九月以降は月一回の予定で行なう（図4―10・11）。

また、ベッチはライムギよりもダニの発生が多く、とくに開花前には急増する。そのため、その時期にはベッチを刈り取るかダニの発生初期に殺ダニ剤を散布する。

(7) カリの過剰対策

ライムギの草生栽培を

図4－10　乗用ロータリーモアによる2回目の刈取り（草丈20cm）

図4－11　2回目刈取り後の誘引作業の様子
足元がすっきりして作業もスムーズ

永く続けていると、カリが茎葉部に多く蓄積され、カルシウムやマグネシウムの吸収がわるくなる。なかでも葉緑素の構成要素であるマグネシウムが欠乏すると、葉の光合成能力が弱まるため、土壌分析などでカリ過剰に注意する。

図4―12　刈取り前のキカラシ（草丈60cm）
黄色い花を咲かせる

　カリ過剰になった場合は、茎葉部を毎年園外に持ち出せばよいが、なかなかできることではないので、ライムギ草生栽培はやめて、キカラシ（アブラナ科）、アマランサス（ヒユ科）、ケイトウ（鶏頭　ヒユ科）、クローバー（マメ科）などのイネ科以外の植物に切り換えて刈り取った草を園外に持ち出し、カリの減少をはかる（図4―12）。なお、キカラシ、クローバーは、窒素の供給が多く、カリとのバランスがとれる。アマランサス、ケイトウは、土壌中からのカリの吸収が多く、カリの減少をはかれる。カリが過剰になると苦土の吸収が悪くなるため、ライムギの葉脈間の葉緑素（緑）が抜けて黄白色化した葉が下部葉にみられてくるので転換の目安にする。土壌分析でカリの値が一〇meを超えたら転換の目安とするが、草生栽培年数が長く、土壌の物理性、化学性、生物性がよくなっていると土壌の緩衝能力が高くなり、数値的には高くても症状として現われてこないので、問題は少ない。そのため、ライムギなどに症状が多くみられるようになったら転換を行なう。

　また、苦土欠乏の症状がみられたら、応急的に水溶性・速効の苦土肥料として粒状スイマグ（酸化マグネシウムMgO五三％）を施用する。大幅なカリ過剰で苦土が少なく、毎年園全体に苦土欠乏を示す場合は、土壌分析結果に基づいて、pHとカリとのバランスを保つため、毎年、土壌分析を行ない、石灰・苦土肥料を収穫後の秋に施用して、数年かけてバランスを保つようにしていく。

第5章

品種更新と苗つくり

1 品種更新の目的

(1) 経済性、労力、技術に合った品種に

最近多くの新しい品種が発表されているが、実際に栽培してみると思うような成果が得られないまま、ずるずると栽培している農家が多い。新短梢栽培では、接ぎ木技術をマスターすれば、収穫までのあそびも少なく短期に成園化できる。したがって、自分の年齢（体力・視力など）を考慮して技術的にこなせる品種か、採算のとれる品種かなど、早期に見極めをつけて一気に更新することができる。

(2) 若くて管理しやすい園の維持

年数の経過とともに、主枝が肥大して樹勢が強くなったり、側枝の肥大化や欠損が生じる。このため、新梢の不揃いで、芽かきや誘引などの管理作業が煩雑になる。これを避けるために、一〇年を目安に切戻しせん定で更新をはかることをすすめている。新短梢栽培では二年目から収穫できるので、短期間に盛果期になるので、一〇年更新でも十分対応できる。

2 品種更新の方法とその選択

(1) 二年生苗による春改植

経営の安定をはかるには、苗木養成圃場を常備し、ウイルスフリーの台木苗を常に確保しておくとよい。優良穂木を接ぎ木して、苗木養成を行ない二年生苗で更新したい。二年生苗であれば主枝分岐まで仕上がっているし、十分な根張りの苗がそろえられるので、二～三年で盛果期にできる。この場合の植付けは、春に芽が動き出してから行なう。なお、二年生苗は購入苗木を養成してもよい。

長梢、短梢とも既存の園からの改植更新では、混植による更新はしない。経済的にメリットがなく、生育や管理体系も違うので摘心や病害虫防除などの管理作業に問題が多く、更新に年数もかかる。園全体の一挙更新か、二分の一を改植して生産の上がり始めた二～三年後にあとの二分の一を改植更新する方法かのどちらかで行なう。

(2) 主枝の切返しによる更新

樹齢が一〇年を経過して、側枝の肥大化や欠損などで管理作業が複雑化してきた場合や樹勢が強すぎたりした場合に主枝の更新をする。主枝基部の新梢を結実させず杭通し線の下に沿って伸長させ、収穫後にその新梢の発生基部で旧主枝を切り取って更新するのである（図5―1・2）。

図5−1　切返し更新前の新梢の様子
杭通し線の下に沿って新梢を伸ばす

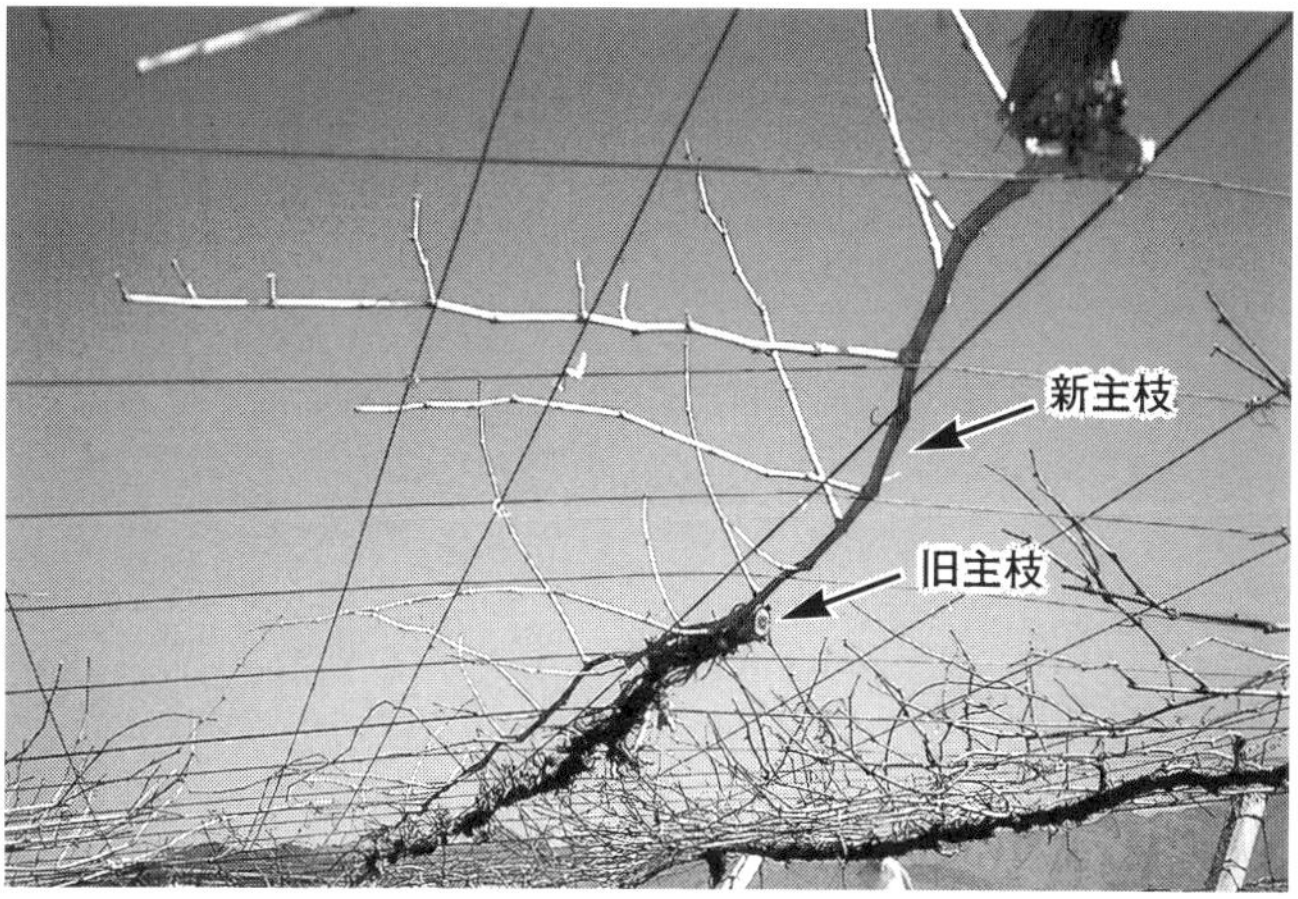

図5−2　切返し更新後の状態
冬季せん定で基部から旧主枝を整理して更新する。葉面積は同じになるため生産も同じにあげられる

(3) 接ぎ木による更新

①個体差が少なく早期成園化できる

接ぎ木更新は、既存の樹に高接ぎを行なうため、購入苗木に比べて生育の個体差が少ないうえ、一年で六メートル以上の主枝が確保できるので、すぐに園が埋まる（図5―3・4）。

課題は、中間台（前の品種）が入るので、品質が不透明である（ウイルスや形質の違い、ウイルスでなければさほど問題にならない）。高接ぎ後は、台木の根群がしっかりしているので、生長が旺盛となるため、新梢管理と病害虫防除を徹底する。四倍体品種では、翌年の萌芽が悪くなるおそれがあるので、催芽処理を行ない、基部近くの萌芽の確保をはかる。

②接ぎ木更新の手順

接ぎ木は、図5—5のように休眠枝（チップパット）と緑枝を用いる方法がある。休眠枝接ぎは、接ぎ木を行なう五月中~下旬まで穂木の貯蔵が必要であるが、穂木の腋芽に花芽を持っているので、その年に結実ができて、新品種を確認することができる（図5—6）。緑枝接ぎは、穂木の貯蔵の必要性がなく、自園で優良穂木を確保でき、失敗しても接ぎ木期間が長い（五月中

図5−3　品種の切替え

誘引線下60cmで切る

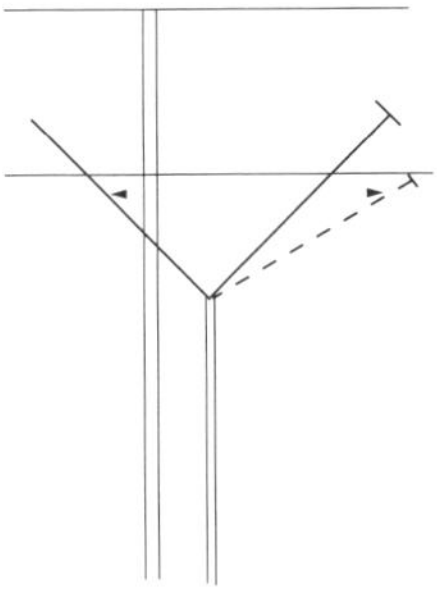

図5−4　緑枝接ぎ　（写真　赤松富仁）

誘引線の下で緑枝接ぎする。誘引線の上で緑枝接ぎすると，接いで伸びた新梢を誘引するのに図のように下げるため角度が広くなってしまい，結果枝の発生部分が広くあいてしまうため

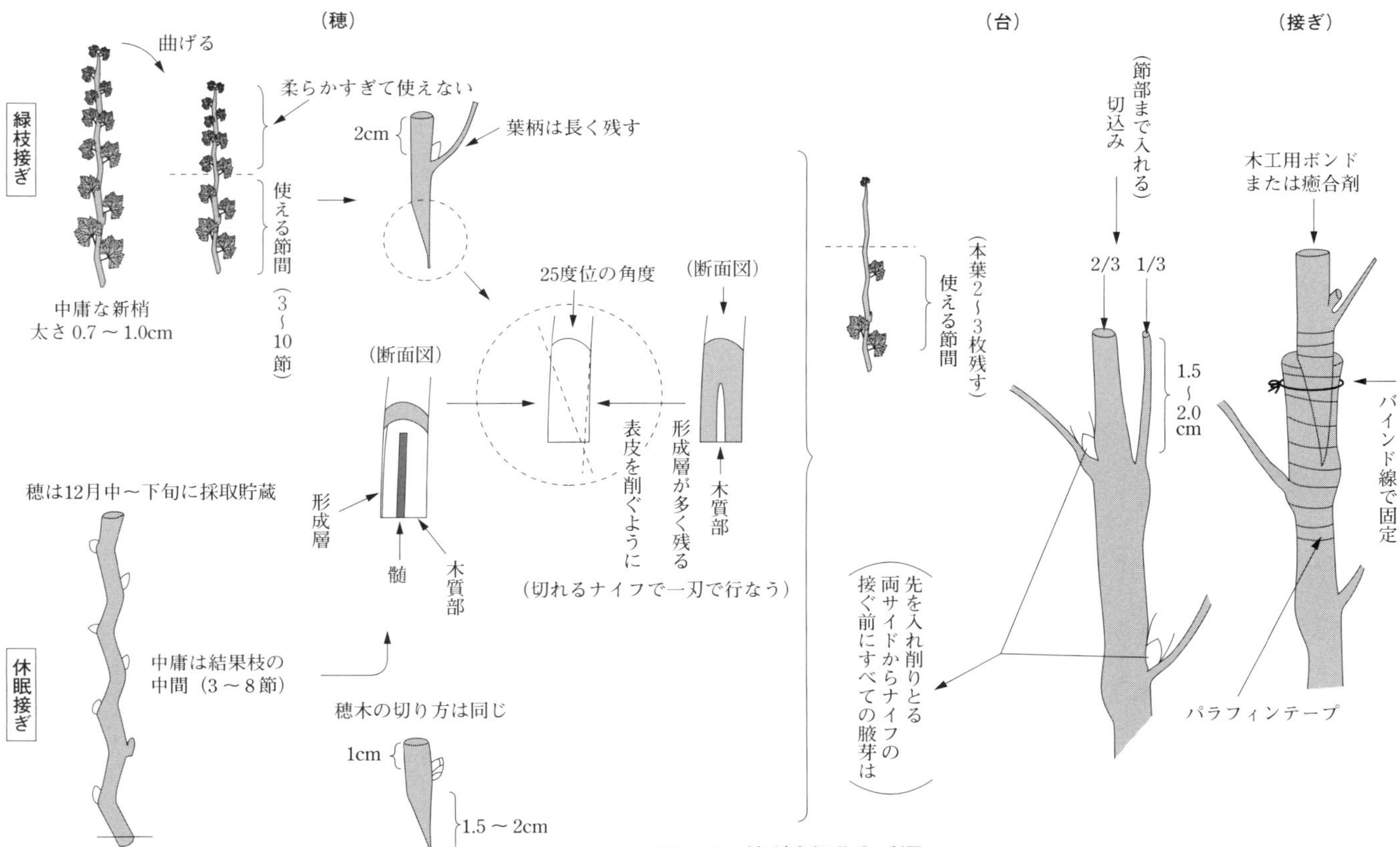

図5−5　接ぎ木操作と手順

〜七月上旬）ので、やり直しができる（図5—7）。

接ぎ木後の留意事項は、①接ぎ木時に削り取った台木の腋芽部から芽が再生してくるが、そのまま放置しておくと、接ぎ木した穂木が枯死するか伸びが悪くなるので必ずかき取る、②ベト病とスリップスの防除を定期的に行なう、③新梢から発生する副梢は五〇センチくらいで摘心して平行誘引する、④新梢は時期に関係なく二メートルくらいで必ず摘心して枝の登熟を早める、などである。なお、二メートルで摘心した後は、八月下旬に再度摘心する。

房をもってくるので品種がつかめる
休眠枝（穂）

図5−6　挿木養成台（2年生）に休眠枝（チップパット）接ぎ

図5−7　緑枝接ぎ

根ができているので緑枝接ぎでも1年間で6m以上の主枝長が確保できる（翌年から収穫が始まる）

3 牛乳パックでの苗つくりの実際

(1) 自家生産でそろった苗を植え付ける

早期成園化と成園に向けての肥培管理の省力化をはかるために、根の多いそろった苗木を栽植することが第一である。そのためには、栽植予定本数より多めの苗木を養成して、そろった苗木を植え付ける必要があり、自家苗生産が有利である。また、牛乳パックとルートラップ（鉢でもよい）を利用することで、生育中いつでも植栽することができるため、改植予定園の収穫終了（九月）時点での改植も可能となる。課題は、接ぎ木技術と、植え付けまでに二年を要する点である。

(2) 苗つくりの手順

①台木と穂木はウイルスフリーを用いる

品質のそろった安定生産をはかるには、ウイルスフリー苗が基本となる。とくに、数年後に接ぎ木更新することになった場合は、ウイルスを持っている樹は再度新植更新をするはめとなるので、台木にウイルスフリーを用いることが経営的に有利となる。

母樹となる台木は、信頼のある苗木業者より購入して養成する。品種は、植栽圃場の条件（土壌の種類、乾湿の程度、深さ）や穂木品種との関係で選定する。私は、「グロアール」を主に「五BB」、「一〇一―一四」を用いている（表5―1）。

台は十二月中旬～一月上旬に採取し、三節で長さ二〇センチくらいを図5―9のように下二芽を削って調整し

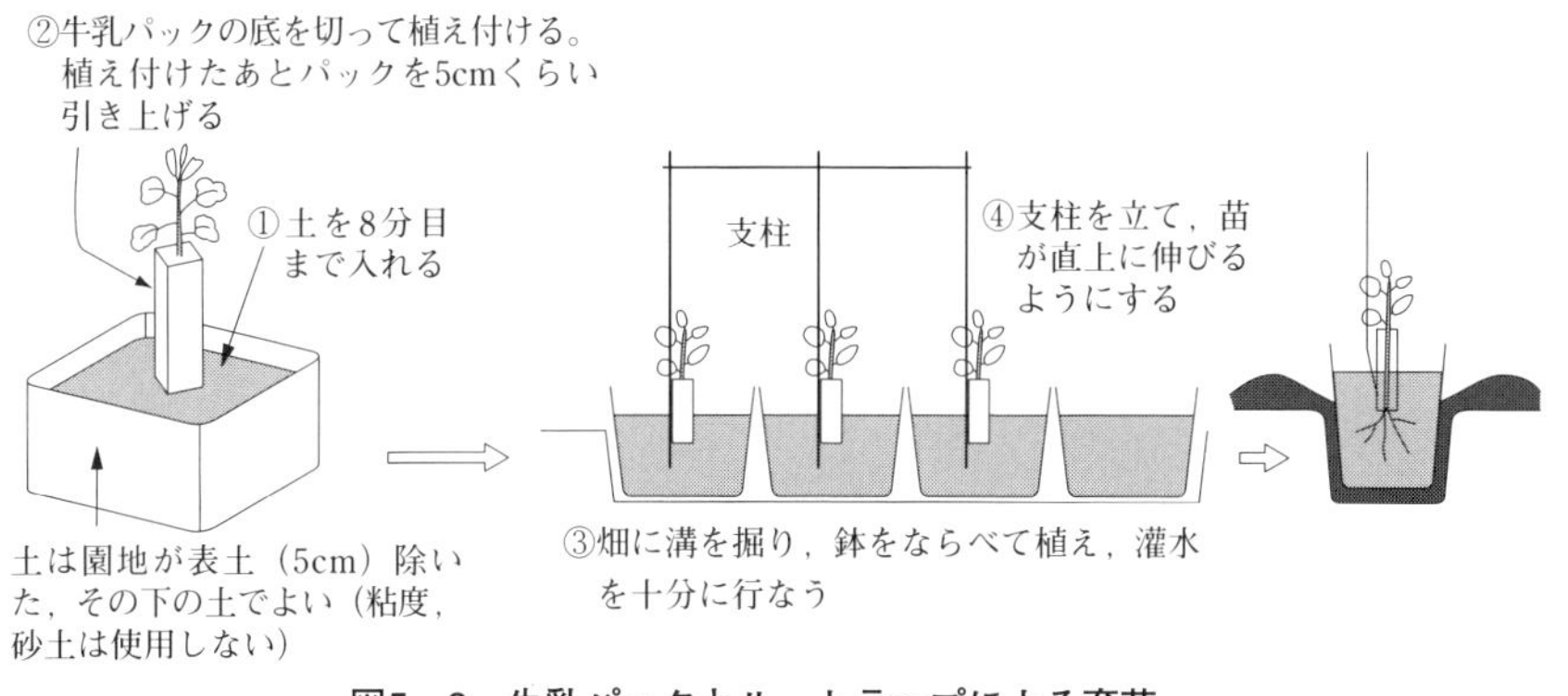

②牛乳パックの底を切って植え付ける。植え付けたあとパックを5cmくらい引き上げる
①土を8分目まで入れる
土は園地が表土（5cm）除いた，その下の土でよい（粘度，砂土は使用しない）
支柱
④支柱を立て，苗が直上に伸びるようにする
③畑に溝を掘り，鉢をならべて植え，灌水を十分に行なう

図5—8　牛乳パックとルートラップによる育苗

表5－1　台木の特性

グロアール （わい性）	生育が早く，早熟で，実留まりよく品質もよいが，生産量は少ない 根は浅い。耐寒性，耐湿性は強いが乾燥にはやや弱い 適地は，適湿の砂地の肥沃地・寒冷地・火山灰土など
101－14 （わい性）	生育は中庸で，グロアールに次いで早熟で，実留まり，着色，品質もよいが生産量はやや少ない 根は浅いがグロアールより深く入る。耐寒・耐湿は強いが乾燥に弱い 砂壌土や火山灰土に適する
テレキ5BB （半わい性）	生育は旺盛であるが熟期は早く，実留まり，着色，品質もよく，生産量は中 根は中深からやや浅い。耐寒・耐乾性は強く，耐湿性はやや弱い 適地は土層の深い乾燥地であるが，排水がよければ幅広く利用できる

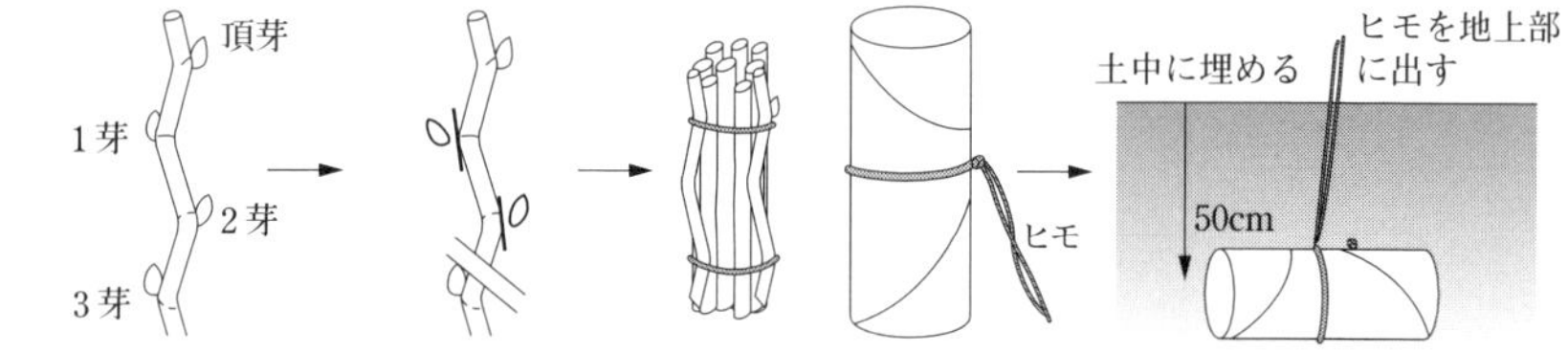

図5－9　台木の採取と調整・貯蔵

た枝をビニールで包んで密封し、気温変化の少ない土蔵や日陰の土中、冷蔵庫の野菜入れなどで挿し木する直前まで貯蔵する。

②挿し木と育苗管理

一〇アール当たり、ビールの空きケース二つ、空の牛乳パック四〇個、用土八〇〜九〇リットルを用意する。牛乳パックは底の二角をカットして水が抜けるようにしておく。用土は壌土か埴壌土で、畑の土でよい。表土（五センチ）を除いて使用する。

挿し木は三月中旬ごろに行ない、パックに土を入れてそのまま芽がかくれるまで挿す。斜め切りにした切り口にカルスが出ている場合は、カルスが傷ついて発根しなくなるので、パックに挿し穂を先に入れてから、芽がかくれるまで用土を入れる。土の上に芽が出ていると乾燥するので、必ず土にかくれるように挿す。挿し終えた牛乳パックはビールのケースに入れ十分に灌水する。ケースは雨の当たらない、陽当たりのよい場所におき、灌水は最初にたっぷりやれば発芽まで必要ない。灌水過多は発根不良をおこして苗がそろわないので注意する（図5—10）。

図5—10　挿し木苗1箱で20本，2箱で予備苗も含めて10a分確保できる

③植付けと緑枝接ぎ

苗は発根して新梢が伸び出したら移植する。五月下旬ごろ、本葉が四～五枚で、牛乳パックの底の穴から根が見えるようになったころ、圃場に定植する。植付けは牛乳パックの底を切り、パックの半分程度の深さに植え、十分に灌水する（図5—11）。そして翌年、五月下旬から六月下旬までの間に緑枝接ぎを行ない、そのまま育てて、成園化する。

また、圃場ではなく鉢やルートラップに移植すれば、定植する際に根を切らずに生育中そのまま植え付けできる

図5—11　牛乳パック苗の素地植え
定植位置に牛乳パックの底を抜いてそのまま素地植えして灌水する

図5－13　鉢で育苗した苗

秋改植直前の苗は手で持ち上げられるほど幹は太く根が張り，接ぎ木もしっかりしている

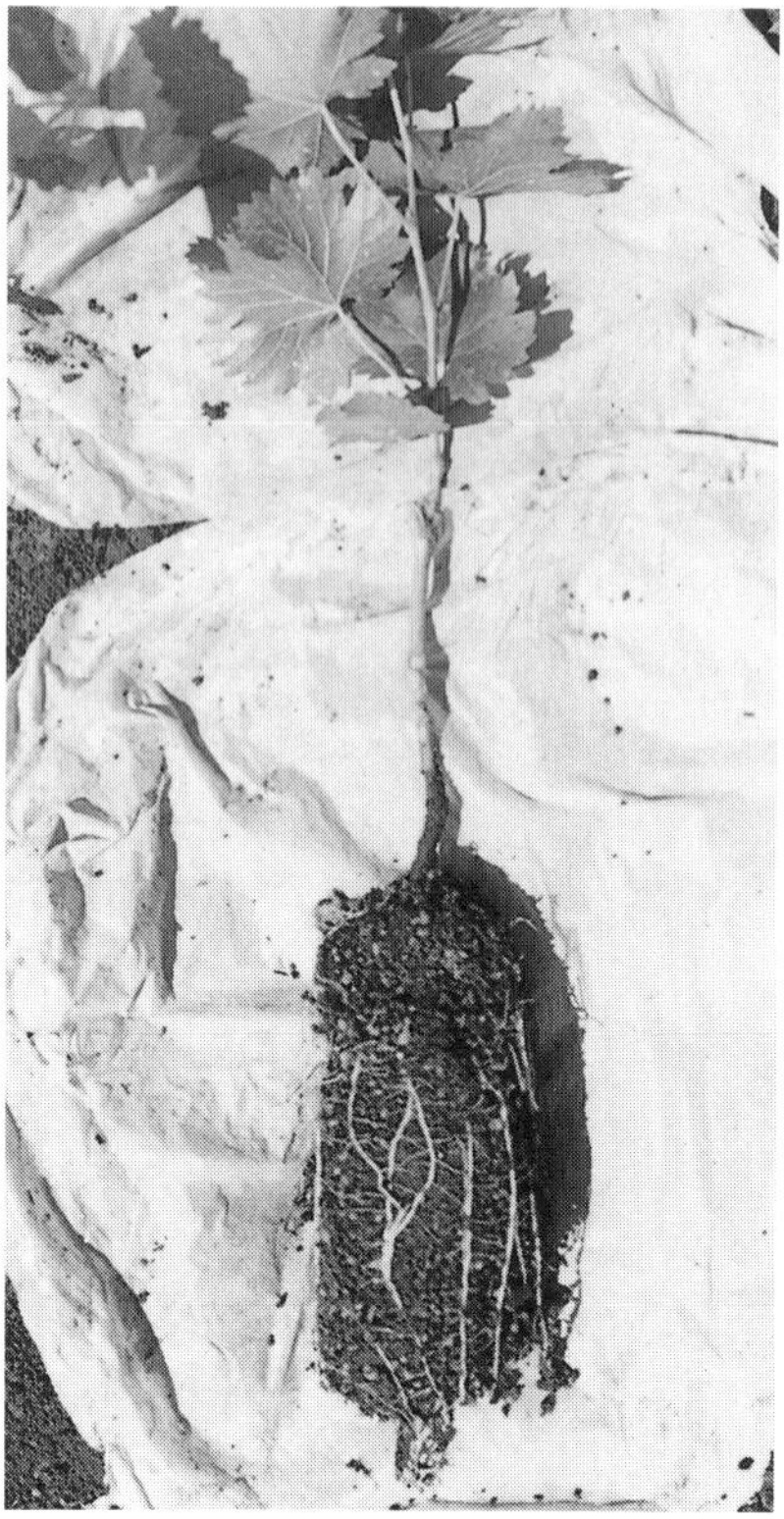

図5－12　鉢植え前の牛乳パック苗

ため、既存園の収穫後の八～九月に定植できる。本葉四～五枚の五月下旬ごろ、牛乳パック苗を鉢やルートラップに移植する。圃場への植付けと同様に、翌年の春に緑枝接ぎをし、九月に改植する（図5―12・13）。

自家養成した苗なので根が十分に発達しており、植付けした年の十二月までに根がよく張るので、翌年の萌芽・伸長もそろい、早く成園化できる。

第 6 章

新短梢栽培での防除

1 新短梢栽培での防除のポイント

(1) 「植付け本数=成園本数」のため病害虫には細心の注意を

成園までの三年間の病害虫防除は、細心の注意で臨みたい。とくにベト病、コクトウ病、トラカミキリムシ、コウモリガの被害を受けると、成園化が遅れるとともに、各樹の生育ステージが違ってくるため、管理作業が煩雑化するので、これらの病害虫防除の徹底をはかる。

(2) ベト病やスリップスはとくに注意

一新梢に一二枚の本葉しかないため、本葉への初期（六月）のベト病被害は、果実の肥大、品質に直接影響する。また八月のスリップスとベト病は葉の同化能力を落とし、糖度の上昇を妨げたり着色不良をひきおこす。さらに、貯蔵養分の蓄積や腋芽の充実不足となり、翌年の花芽や萌芽、結実にまで影響して、ブドウの生長リズム（栄養生長と生殖生長）を狂わす要因となるので、病害虫防除は耕種的防除とともに発生初期の防除に努める（表6—1）。

2 注意したい病害虫と防除

(1) 病害

①ベト病

葉、新梢、花房や果実とブドウのすべての部位に被害を及ぼす、恐るべき

表6−1　主要病害虫の耕種的防除

病害虫名	越冬場所	主要な耕種的防除
コクトウ病	結果母枝，巻きひげ，果梗	巻きひげ，果梗の除去
バンプ病	結果母枝の表皮，巻きひげ，果梗	巻きひげ，果梗の除去
ベト病	落葉	土中に埋めるか焼却
灰色カビ病	地表面（落葉），結果母枝，果梗	果梗の除去
ウドンコ病	結果母枝の病斑，芽の鱗片の間	粗皮削り
カッパン病	結果母枝，幹の表面，地表面（落葉）	粗皮削り
サビ病	落葉	土中に埋めるか焼却
ブドウトラカミキリ	被害枝	焼却
ブドウスカシバ	被害枝	焼却
カイガラムシ類	粗皮の下	粗皮削り
ハダニ類	粗皮の下，芽の鱗片	粗皮削り

病害である。葉の被害は、同化能力を低下させて、花芽の分化や枝の登熟不良などブドウの生態すべてに影響を及ぼす。主枝とする新梢に発病するとその部位が凍害を受けやすく、計画した主枝の長さが確保できないため成園化が遅れる。花房（果房）の被害で着果量不足になると、収量が低下するだけでなく樹勢が乱れ新梢管理に手がかかる。

べト病は五月から十月にかけて発生するが、一次伝染源は被害落葉に形成された胞子である。この胞子から新葉に感染して、七～一〇日の潜伏期間を経て発病し、二〇℃前後の気温と多湿条件で遊走子が発芽して、気孔から葉内に入り、伝染・多発する（図6―1）。

予防は、排水のよい圃場で、わい性か、準わい性台木を用いて、肥料（とくに窒素）をひかえて栽培し、葉面積指数三以下で葉が小さくて厚い、生殖生長型の樹勢管理とすることが大事である。

防除は、本葉五枚ころから落花直後（六月上旬）まで、灰色カビ病、バンプ病、ウドンコ病防除を兼ねてストロビードライフロアブル二〇〇〇倍、幼果から袋掛けまではバンプ病防除を兼ねてオーソサイド水和剤八〇〇倍、袋掛け以降は棚上、棚下ともにボルドー液四―四式、ICボルドー六六Dを用いて、予防と発生初期と防除に努める。

②バンプ病

ブドウ果実の最大病害で、幼果期に感染して収穫前の成熟期に発病する。種なしピオーネや巨峰の栽培での被害は、致命傷となるため、休眠期から防除を行なう。

図6―2のように結果母枝や巻きひげで越冬した菌が、五月中旬ごろから分生子を形成し、幼果、新葉、他の巻きひげに感染する（一次感染）。成熟期の発病は、幼果期の感染によるものと、発病した熟果からの感染（二次感染）によるものとがある。

防除は、粗皮削りや休眠期防除で十分である。新短梢栽培では、病菌の越冬源である巻きひげや結果母枝のほとんどを取り除くことと、早めのカサ掛けと袋掛け（二回目のジベ処理直後に袋を掛け、摘粒は袋をはずして順次行なう方法。87ページ参照）することでほとんど発病は認められなくなる。薬剤散布は、べト病に準ずる。

(2) 害　虫

①コウモリガ

夕方空中から産卵し、地面や樹上で孵化した幼虫が、主幹の根元や結果枝に食入して枯らす。近年荒廃園や農地周辺の雑草などからの飛来がふえ、被害が増加してきている。成木での被害

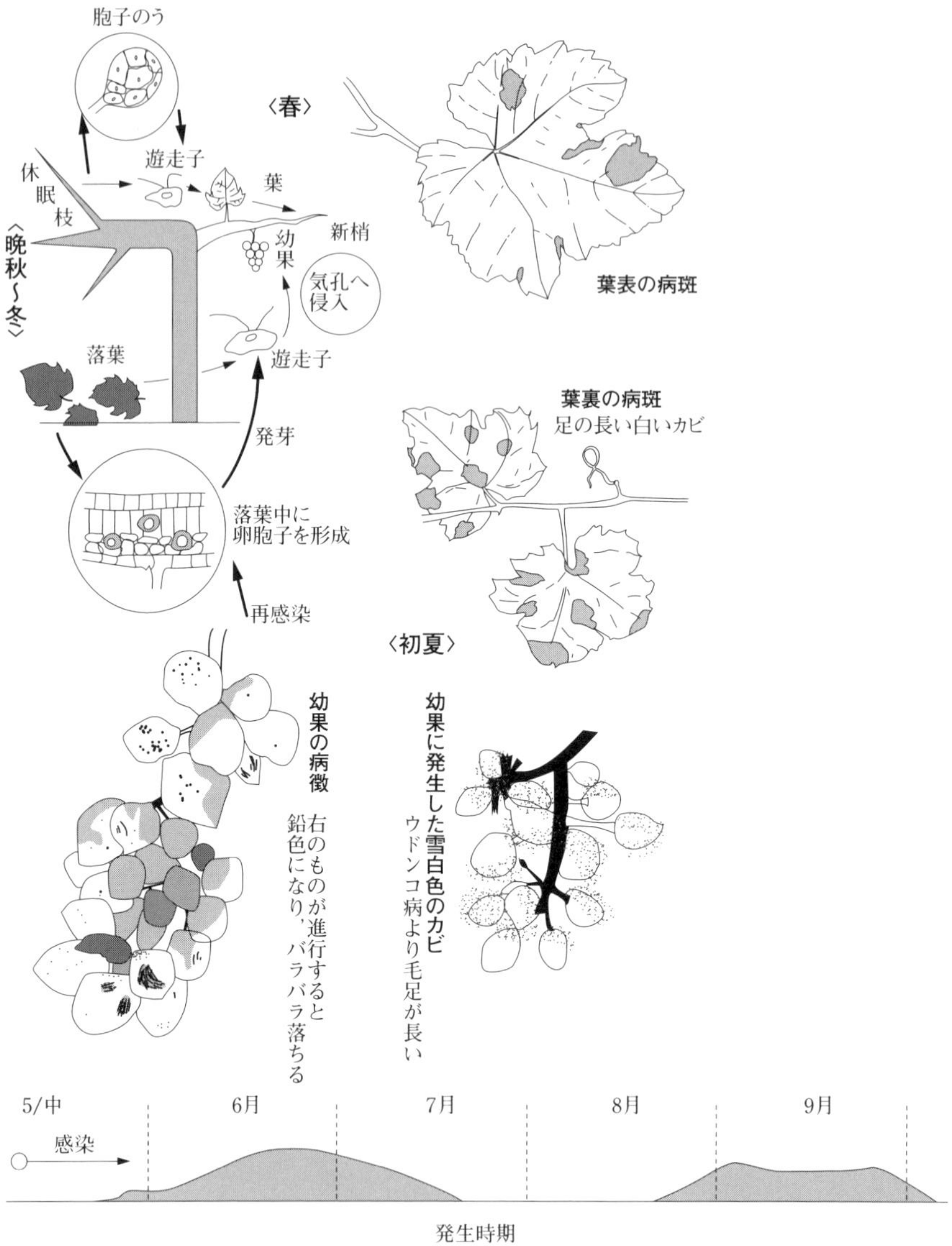

図6−1　ベト病の生活史と発病　（山梨果試　功力を改変）

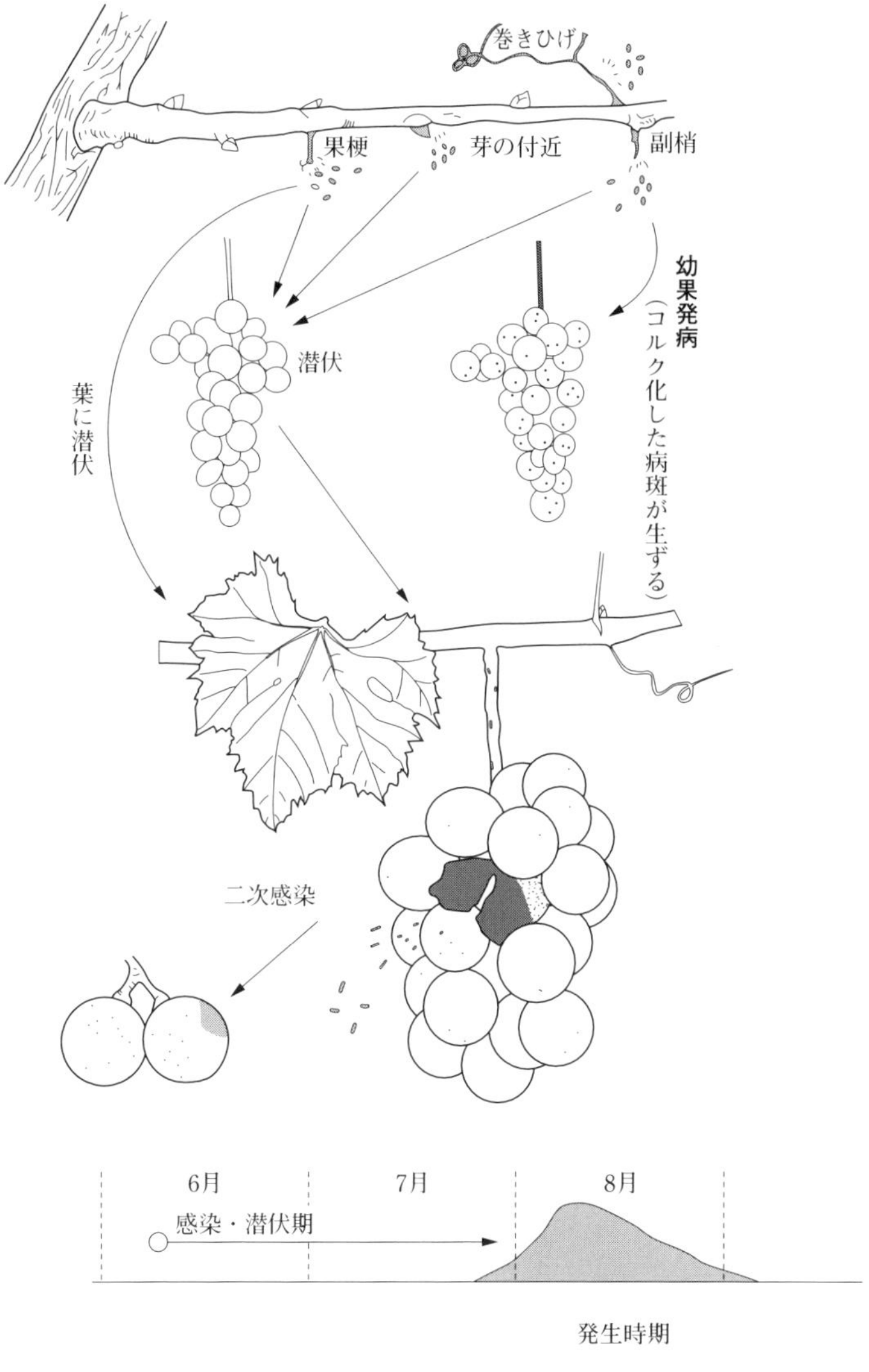

図6−2　バンプ病の生活史と発病　　（山梨果試　功力を改変）

図6―3　コウモリガ予防
株元の草刈り後，ガットサイドS1.5倍液を主幹の根元に塗布する

図6―4　コウモリガの被害枝
結果枝に侵入したあと，食入部を木屑と糞で覆っている

は生産減となるため、とくに主幹の根元の食入には注意する。

発生は、ヨモギなどの雑草で越冬し、六月から八月にかけての食入が多い。

予防は、根元の被害が多いため、株元の草刈りを行ない通風をよくすることである。五月に主幹の根元から三〇センチの高さまでガットサイドS一・五倍液を塗布する（図6―3）。

また、防除は図6―4のように食入部を木屑と糞で覆っているので、発見したらオイルさしに入れて常備しておいたスミチオン乳剤一〇〇倍液を食入口から注入すれば、苦しくなり食入口から頭部を出して死ぬ。

②トラカミキリムシ

主枝が完成する四年間は要注意の害虫である。主枝での被害は、被害部まで主枝が戻ってしまうため、成園化が遅れる（図6―5）。

年一回、七月下旬に成虫が羽化して、八月下旬～九月上旬に芽の付近に産卵し、幼虫が十一月頃から木質部に侵入して、五～六月の旺盛な食害で新梢がしおれて枯れる。

防除は、幼虫が木質部に侵入する前の十月下旬～十一月上旬に、トラカミキリ防除剤の二〇〇倍を、主枝（主枝候補枝）と結果枝のせん定で残る部位にていねいに散布する。

図6―5トラカミキリムシの被害樹

主枝候補枝の腋芽部に9月に産卵し，翌年の新梢が伸びる5月に枝の食害が拡大して食害部から先の新梢が枯れてしまう。
被害部まで切戻して対処する。また，5月の水揚げ後の早朝に主枝候補枝を観察すると，食入部の節部（腋芽部）周辺が黒褐色化し水滴をもっているので，ナイフで削り，幼虫を捕殺する方法もある

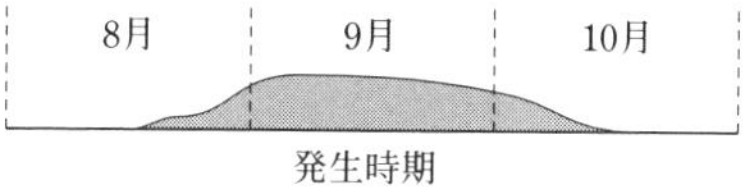

③コナカイガラムシ

果実に直接被害を及ぼす害虫で、幼虫が房に移動して樹液を吸って、蜜を分泌する。そのため果実はスス病に汚染されて商品価値を失う。

粗皮下で卵態越冬し、五月中旬～八月上旬、七月中～下旬、九～十月の三回発生する。一回目の発生は、新梢の基部や葉裏に群生しているが、二回目の発生幼虫は、房に移動して繁殖し被害をもたらす。

防除は、二～三年に一度、休眠期の粗皮削りと、コクトウ病やダニの防除を兼ねて、石灰硫黄合剤二〇倍液を散布する。

新短梢栽培では、早期に袋掛けを行なうため、袋掛け前の六月上旬にチャノキイロアザミウマの防除を兼ねて、

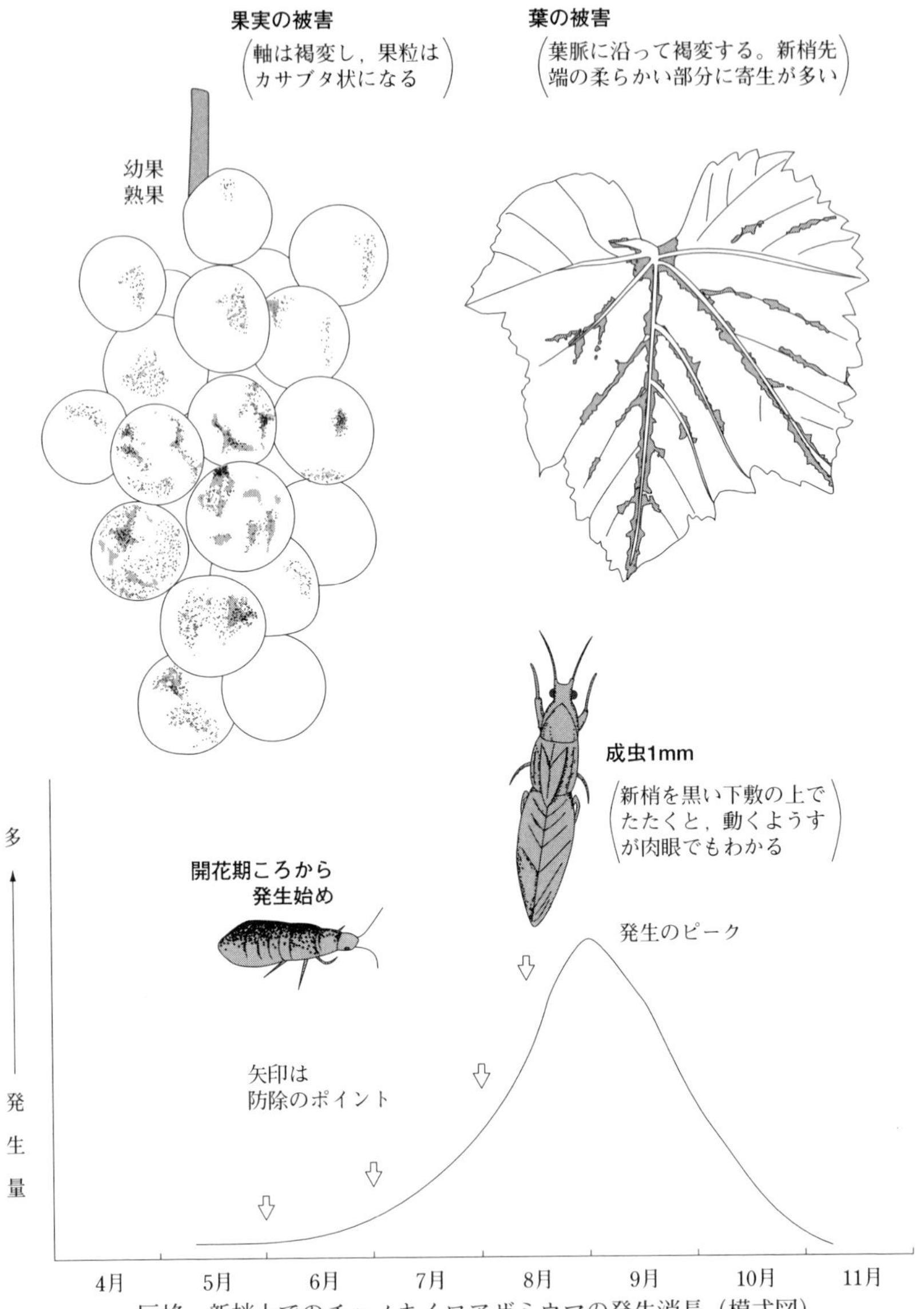

巨峰　新梢上でのチャノキイロアザミウマの発生消長（模式図）

山梨市万力山地（標高500m）

図6―6　チャノキイロアザミウマ（スリップス）の発生と被害状況

（山梨果試　寺井）

モスピラン水溶剤四〇〇〇倍の散布を徹底する（ストロビードライフロアブルと混用散布は可）。発生の多い場合は、六月上旬と九月上旬にスプラサイド水和剤一五〇〇倍の散布を行なう。

④スリップス類

ブドウの主要害虫で、新梢、葉、穂軸、果皮のすべてを加害する。新梢や葉に加害すると同化能力が落ち、果実の糖度不足や着色障害になる。果軸や果皮の加害では、汚れやサビ状となるため、商品価値をなくしてしまう。ブドウの柔らかい組織すべてに加害するチャノキイロアザミウマと、果実に白ぶくれをおこし後にコルク化して裂果症状を発生させるミカンキイロアザミウマがある。

チャノキイロアザミウマは六月下旬から十月初旬の長期間発生する。ミカンキイロアザミウマは、開花期前後に多く発生して新梢や花穂に寄生して加害する（図6―6）。

防除は袋掛け直前の散布を徹底し、袋の口はしっかり固定する。落花後の六月中～下旬はアドマイヤー水和剤二〇〇〇倍を、発生盛期の七月下旬と八月中下旬にモスピラン水溶剤四〇〇〇倍を散布（袋掛け後にボルドー液と混用して棚の上下に散布）する。ミカンキイロアザミウマの発生園では、チャノキイロアザミウマの防除を兼ねて開花初めにアーデント水和剤一〇〇〇倍を散布する。

3 防除の実際

(1) 時期別防除のポイント

①耕種的防除と休眠期防除

病害虫の密度を減らし農薬の効果を上げ、生育期の農薬散布回数の削減につながる耕種的防除と休眠期防除は、安全・安心のブドウ生産のうえからも重点対策として取り組む。短梢栽培は、長梢栽培に比べて休眠枝の数が少なく、作業もしやすいうえ病害（コクトウ、ツル割れなど）の被害箇所もわかりやすく、農薬の使用量も少なくてすみ、効果も上がるので必ず実施する。防除は、表6―1の越冬病害虫と耕種的防除を参考に行なう。

②新梢伸長と開花結実期

病害虫の防除は、予防散布と発生初期の防除が大切である。新梢が伸び開花結実期を迎える五～六月は、病害虫の発生も急激に多くなるため、ブドウ栽培での病害虫防除の最も重要な時期である。地域の防除暦を参考に、散布のポイントを遅らせないようにする。この時期の初期防除を怠ると、その後の天候変化で急激な発生の引きがねとなるので、天候がよく病害虫の発生がみられなくても、定期的な農薬散布を行なうことが無難である。また、病害は雨滴で伝染するので、カサ掛けや袋掛け作業を適期に、農薬散布直後の雨にあたる前に行なうようにする。

③袋掛け後の七～八月の防除

七～八月は、ベト病、バンプ病、スリップス類、コナカイガラムシ類の発生盛期となり、この時期の被害は、果実品質に直接影響するとともに登熟や貯蔵養分の蓄積にも影響を及ぼすので、ボルドー液を主体に、棚下、棚上からの防除の徹底に努める。

④収穫後の防除

充実した樹体とは、落葉期の黄葉がきれいで葉柄ごと落葉する樹である。そのためには、収穫後の樹体回復と合わせて、収穫後の早期落葉を防ぎ、貯蔵養分の蓄積をはかるため、ボルドー液散布を行なう。また四年生までの主枝には、トラカミキリムシの防除を徹底する。

〈付　録〉

生育ステージと管理作業一覧

6月 中	6月 中	6月 下	7月	8月	9月	10月
2回目GA前	満開10〜15日	2回目GA直後〜10日後	ベレーゾン　着色始	開花から成熟までの日数 72〜75日		
・房の整形 ・予備摘粒 ・摘房 ・灌水	・2回目GA処理 ・防除 ・袋掛け ・摘心	・仕上げ摘粒	・仕上げ摘房 ・摘心 ・灌水 ・防除	・収穫	・遅伸の摘心・防除 ・灌水 ・お礼肥 ・草生播種	

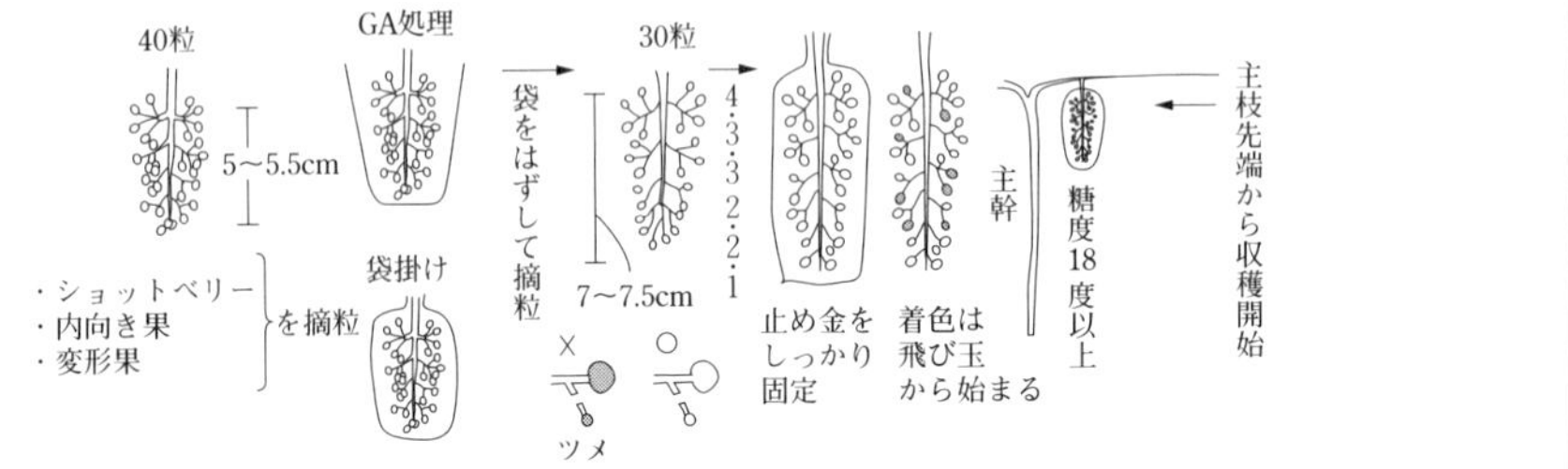

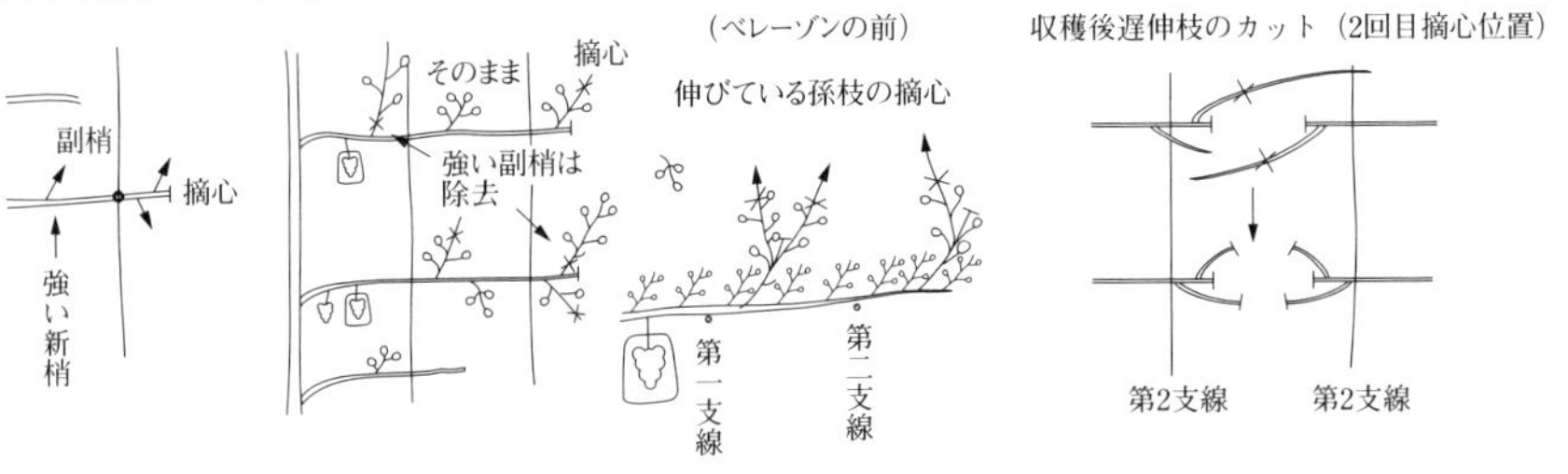

○摘房は最終房数（計算式）の1〜2割増し ○房の整形は出荷形態（ダンゴ型・ブドウ型）で調整 ○予備摘粒は早めに指先で行なうと能率 ○第2支線を越えている新梢は摘心 ○主枝と第1支線間に発生している強い副梢は除去 ○2回目GA処理直後に薬剤散布し袋掛け ○果粒肥大のため灌水(30mm)	○一律摘心後の副梢の摘心：先端の強い副梢は基部で整理。中庸な副梢は3〜4枝で摘心。弱い副梢はそのままか先端をつまむ ○ベレーゾンの約7日前に伸びている新梢はすべてカット(止まっているのがよい) ○ベレーゾン前に仕上げ摘房(着果過多) ○摘粒後の袋の止め口はしっかり固定 ○果粒肥大は早めの摘粒，摘房 ○ベト病とスリップスの防除 ○副梢に発生した花（果）房の整理	○収穫に入る前に草刈り ○収穫は基部の糖度18度以上で先端から始める ○お礼肥は収穫が80%に達したら始める ○収穫後に遅伸枝の整理（上図）(相互の新梢の越境は認めない。切り戻す) ○灌水は収穫直後に30mm ○ライムギの播種は雑草の中にバラ播き中耕（3cm) ○主枝のトラカミキリ防除の徹底

○オーソサイド水和剤　800倍 加用モスピラン水溶剤 4,000倍	○ボルドー液 4-4式または66D アビオンE 1,000倍	○スカウトフロアブル　1,500倍 またはオルトラン水和剤 1,500倍	○ボルドー液 4-4式または66D スリップスの多い場合は 加用モスピラン水溶剤　4,000倍	○トラカミキリムシの多い園や4年目までの園ではスミチオン水和剤 ○1,000倍 ベト病の多い園ではボルドー液4-4式か66Dの散布

<table>
<tr><th></th><th>2月下旬</th><th>3月</th><th>4月</th><th>5月</th><th>上</th><th>上</th></tr>
<tr><td>生育相</td><td></td><td></td><td>× 萌芽 展葉</td><td>開花始</td><td>開花2〜3分咲き</td><td>満開〜満開3日</td></tr>
<tr><td>主な管理</td><td>・催芽処理</td><td>・粗皮削り
・休眠期防除
・灌水</td><td>・主枝先端の飛び出し芽の除去
・花房の除去</td><td>・灌水
・防除
・誘引
・新梢整理</td><td>・花穂の整形
・摘房</td><td>・1回目GA処理
・摘心</td></tr>
<tr><td>花穂・果房管理</td><td colspan="6">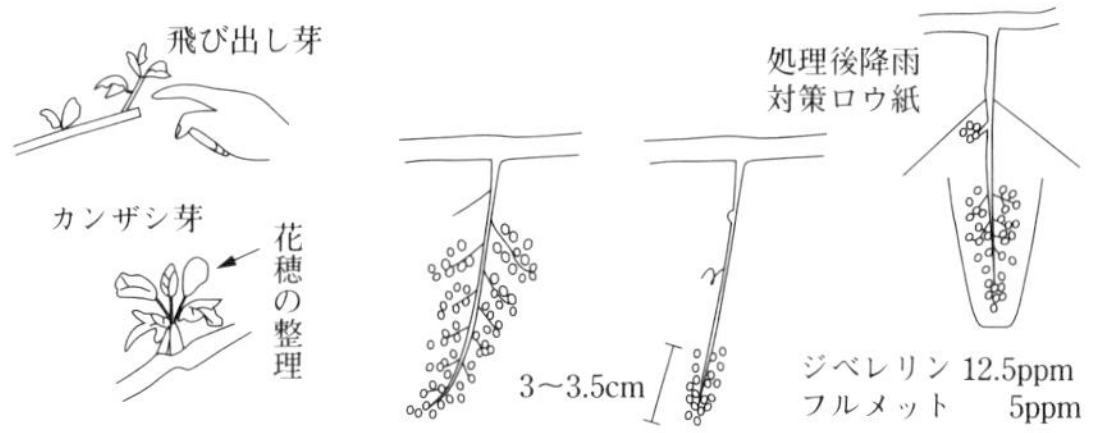
</td></tr>
<tr><td>新梢管理</td><td colspan="6">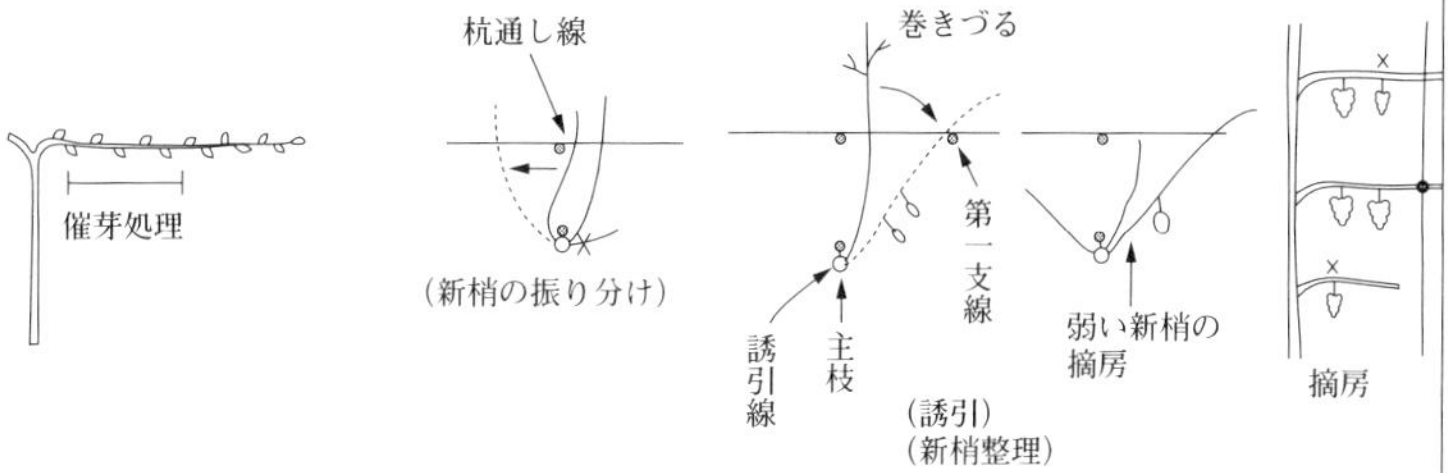
</td></tr>
<tr><td>管理の留意事項</td><td colspan="2">○太くて強い結果母枝や萌芽しにくい品種は，メリット青2倍液塗布
○粗皮削りは降雨後に行なうと能率が上がる
○休眠期防除は天候に注意(2〜3日雨が降らないこと)
○水上げ前の灌水はタップリ(20〜30mm)</td><td>○先端の飛び出し芽は早めにかき取る
○カンザシ芽の花穂は早めに房の整理を行なう
○新梢の振り分け(杭通し線に左右)
○樹相の弱い樹は芽かきを行ない，15〜20cm間隔で新梢を残す</td><td colspan="3">○中〜強の樹相では誘引と併せて新梢の整理
○誘引作業時に巻きづるを除去
○誘引は2回に分けて行ない，首つり誘引はしない
○花穂の切り詰めは肩房が1〜2輪咲き始めたころ
○第1支線に届かない弱い新梢は摘房
○新梢数は1mに10本くらいとやや多めに誘引
○1新梢1果房を原則に，強い新梢は2房残す
○有核果の混入防止には，房つくり後ストマイ1,000倍の散布(10a100l)か浸漬処理</td></tr>
<tr><td>薬剤散布</td><td colspan="2">○ベンレート水和剤　500倍
加用石灰硫黄合剤　20倍
展着剤　20cc</td><td>○ストロビードフロアブル　2,000倍
加用オルトラン水和剤　1,500倍</td><td colspan="2">○オーソサイド水和剤　800倍
加用モスピラン水和剤　4,000倍</td><td>○ストロビードフロアブル　2,000倍</td></tr>
</table>

の年間防除暦と注意事項　　（山梨県経済連防除暦を一部改正）

注　意　事　項
①コナカイガラムシの多い場合は粗皮はぎを必ず行なってから幹までていねいに散布 ②ブドウトラカミキリの秋防除を行なわなかった場合は，２月下旬にトラカミキリムシ防除剤を散布 ③前年度バンプ病の発生の多かった園では，ベンレート水和剤200倍（500g） ④ベンレート水和剤を先に水に溶かしてから石灰硫黄合剤を加用する
①コウモリガ対策は主幹の地際部へのガットサイドSの1.5倍液の塗布。株元の草は刈り取る。食入口には，スミチオン乳剤の100倍液を注入
①ウドンコ病の多い園では，トリフミン水和剤2,000倍（50g）を用いる ②サルハムシ，ゾウムシにはミクロデナポン水和剤1,000倍（100g）を単用 ③ダニ類には，オサダン水和剤1,500倍（70g）を用いる ④コナカイガラムシの多い園では．スプラサイド水和剤1,500倍（70g）を単用
①スリップス類の多い園では，ミカンキイロアザミウマの同時防除を兼ねて開花始めにアーデント水和剤1,000倍（100g）を用いる ②花かすをできるだけていねいに取り除き，灰色カビ病の多い場合には，ゲッター水和剤1,500倍（70g）を用いる ③ベト病の発生が見られる園ではジマンダイセン水和剤にかえて，サンドファンMまたはリドミルMZいずれか1,000倍（100g）を用いる ④コナカイガラムシの多い場合は，スプラサイド水和剤1,500倍（70g）を単用 ⑤ヨコバイ，アブラムシには，アドマイヤー水和剤2,000倍（50g）を用いる
①スカウトフロアブルは魚毒，蚕毒が強く，使用禁止地帯ではアズキ大までにオルトラン水和剤1,500倍（70g）を用いる ②この時期の散布が遅れると果粉の溶脱・汚染が残りやすい ③スリップスは袋内にも侵入するので，止め金はしっかり固定する
①カサ掛け園では，これ以降は棚上散布とする ②この時期以降4－4式ボルドー液にかえてICボルドー66D40倍（2.6kg）を用いてもよい ③袋掛けの園では，棚上にも十分散布する ④ブドウサビダニには，ダニトロンフロアブル1,000倍（100cc）を加用
コナカイガラムシの多い場合は，スミチオン水和剤1,000倍（100g）を加用
①この時期からスリップスの密度が急に高まるので散布量を増し，棚上からも十分散布する ②房枯病，灰色カビ病，バンプ病果は見つけしだい取り除く
①トラカミキリ防除剤は，次のいずれかを用いる 　トラサイドA乳剤　200倍（500cc） 　ポーラーカット　200倍（500cc） 　ラビキラー乳剤　200倍（500cc） ②結果枝の発生部によくかかるようにする。この散布をした場合は発芽前の防除は省いてよい ③11月ころ，凍害を防ぐため若木で土中に埋める場合は，トラカミキリ防除剤を必ず散布してから行なう

回数	散布時期	病害虫の発生状況	薬剤と調合量 （100l当たり）	散布量 （10a当たり）
①	3月下旬～ 4月上旬 （発芽前）	越冬病菌，害虫 コクトウ病，ツルワレ病 カッパン病，バンプ病，ダニ類 カイガラムシ類	ベンレート水和剤　500倍　200g 加用石灰硫黄合剤　20倍　5l 展着剤　20cc	100
②	5月上・中旬 （展葉5～6枚）	ベト病，灰色カビ病，コクトウ病，ウドンコ病が発生しはじめる。 スリップス，ヨコバイ類が発生する	ストロビードライフロアブル 2,000倍　50g 加用オルトラン水和剤　1,500倍　67g	150
③	5月下旬	ベト病，灰色カビ病，コクトウ病，コナカイガラムシ，スリップス類の発生が続く	オーソサイド水和剤　800倍　125g 加用モスピラン水溶剤　4,000倍　25g	150
④	6月上旬 （開花始め）	ベト病，コクトウ病，ウドンコ病の発生が多くなる。コナカイガラムシ，スリップスの発生期	ストロビードライフロアブル 2,000倍　50g	250
房つくり・第1回ジベレリン処理				
⑤	6月中旬 （小豆大）	ベト病，コクトウ病，ウドンコ病の発生期 バンプ病の感染期 コナカイガラムシの発生期	オーソサイド水和剤　800倍　125g 加用モスピラン水溶剤　4,000倍　25g	250
第2回ジベレリン処理（カサ掛けはできるだけ早く行なう）				
⑥	6月中・下旬 （袋掛け直前）	バンプ病の感染期 スリップスの発生期	スカウトフロアブル3,000倍　35cc	250
⑦	6月下旬 （袋掛け直後）	ベト病の多発期 バンプ病の感染期	4―4式ボルドー液 硫酸銅　400g 生石灰　400g アビオンE　1,000倍　100cc	400
⑧	7月中旬	ベト病の発生が続く サビ病が発生しはじめる	4―4式ボルドー液 硫酸銅　400g 生石灰　400g アビオンE　1,000倍　100cc	400
⑨	7月下旬～ 8月上旬	スリップスの多発期 ベト病，サビ病の発生が続く	4―4式ボルドー液 硫酸銅　400g 生石灰　400g 加用モスピラン水溶剤　4,000倍　25g	400
⑩	8月下旬	スリップスの多発期	（棚上散布）アーデント水和剤 1,000倍　100g 展着剤　20cc	400
⑪	9月中・下旬 （収穫直後）	ベト病，サビ病の発生が続く ブドウトラカミキリの産卵期	4―4式ボルドー液 硫酸銅　400g 生石灰　400g 加用スミチオン水和剤　1,000倍　100g	400
⑫	10月下旬～ 11月上旬	ブドウトラカミキリの幼虫期	トラカミキリ防除剤　200倍　500cc 深達性展着剤　20cc	100

樹相診断（模式図）

着　色　期　前	収穫後～落葉期	果実の品質
・強い副梢が多く，摘心しても止まらない ・葉が大きくて薄い ・葉は重なり棚が暗い 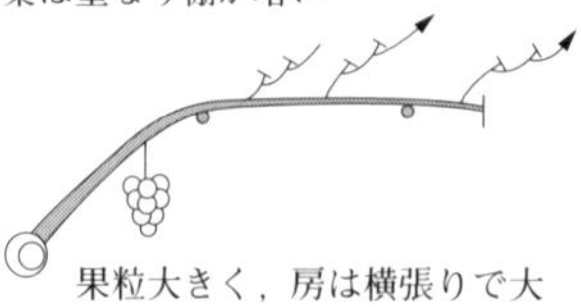 果粒大きく，房は横張りで大 ・新梢の停止率50%以下	登熟が遅れ，枝の充実が悪い 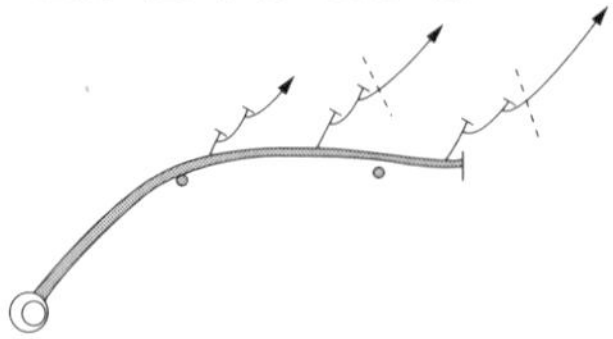 遅伸びするので2回目の摘心位置まで切り戻す 黄葉が遅れ，落葉も遅く，葉柄が残りやすい	○果粒大で肉質が柔らかい ○糖度のあがりが悪く成熟が遅れる ○着色が悪い ○房形がそろいにくい
・強い副梢はわずか，摘心で止まる ・葉が厚く，中位で，本葉と副梢葉とで立体的になっている 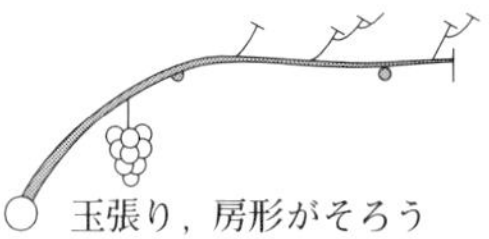 玉張り，房形がそろう 新梢の停止率80%以上	遅伸びは短く，副梢まで登熟し，枝の充実がよい 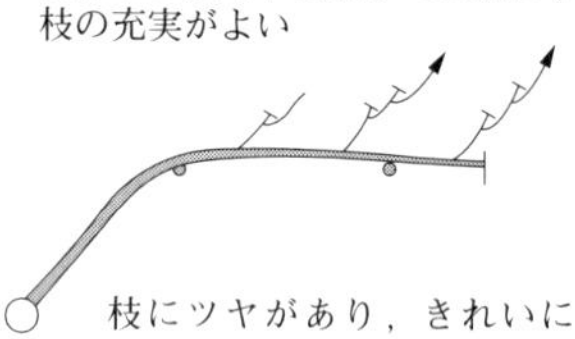 枝にツヤがあり，きれいに黄葉して葉柄も落ちる	○成熟が早い ○房形がそろっている ○着色がよい ○糖度が高い ○食味がよい
・副梢はごくわずかで止まる ・葉が小さく，緑が淡い ・新梢は止まり，70cm前後 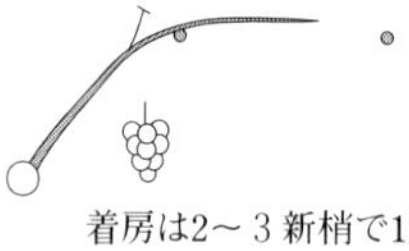 着房は2～3新梢で1房 新梢の停止率100%	遅伸びもなく，葉にツヤがない 樹全体が力不足で，短い新梢は登熟しない枝もある  早くから黄変し，落葉も早い	○果粒・房重・房形も小さい ○着色，成熟が一番早い ○食味はよい ○果軸がひけやすく品持ちが悪い

	新梢の振り分け頃	開　花　前　後
強い	・杭通し線を越えている先端が曲がり巻きひげ発生 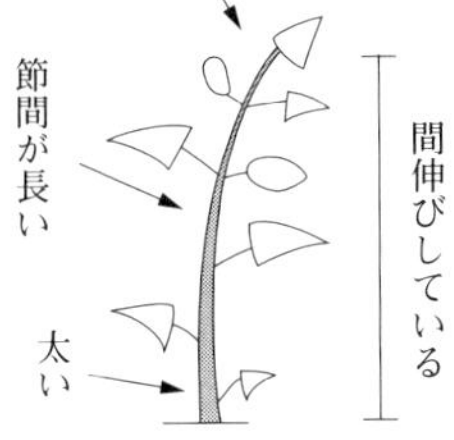 萌芽がドブヅルでそろいが悪い	・新梢の先がつの字で巻きづるが先端　を越えて太い ・第2支線を越えている 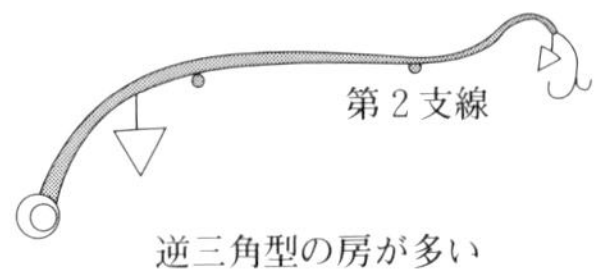 逆三角型の房が多い 房尻が分かれている
中庸	・杭通し線の前後に達する ・展葉の動きがよい  萌芽はカリづるでそろいがよい	・新梢の先は止まりかけている ・新梢の長さは100cm前後 ・巻きづるは生長点より下にある 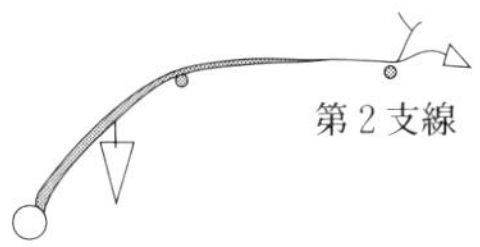 房が大きく長い
弱い	・杭通し線に届かない ・展葉が早く節間が短い ・ズングリしている 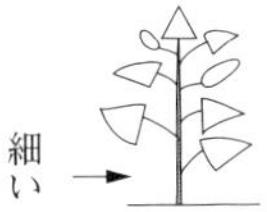 萌芽はカリづるでそろいは悪い	・新梢の伸びは小さい ・新梢は50cm前後 ・基本的には着房できない ・巻きひげはあっても弱い 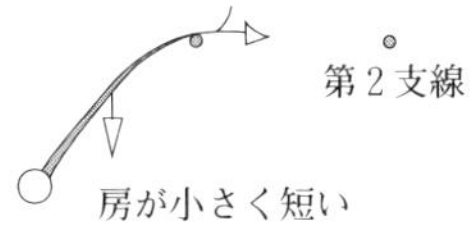 房が小さく短い

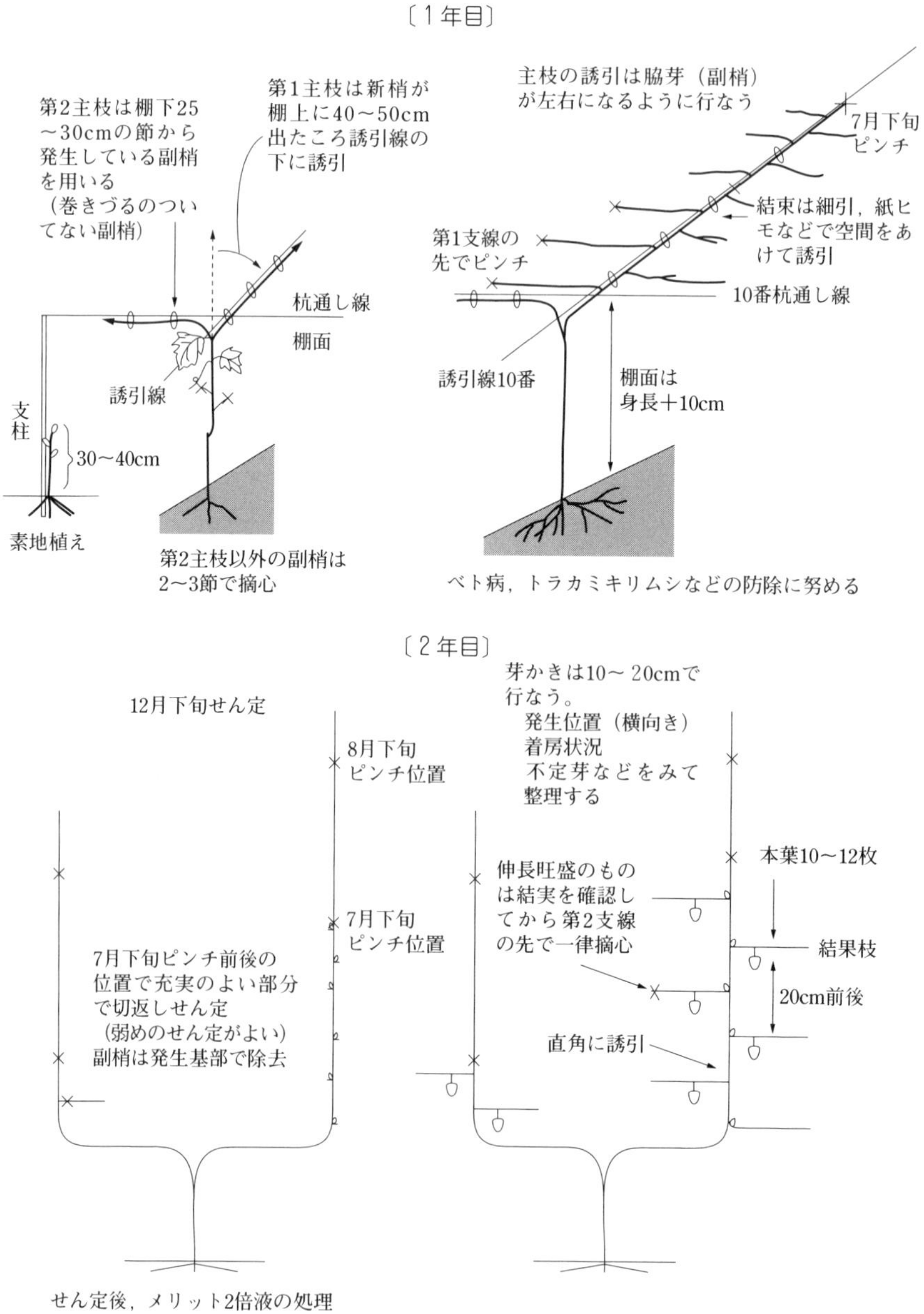

〔1年目〕
第2主枝は棚下25
～30cmの節から
発生している副梢
を用いる
（巻きづるのつい
てない副梢）
第1主枝は新梢が
棚上に40～50cm
出たころ誘引線の
下に誘引
杭通し線
棚面
誘引線
支柱
30～40cm
素地植え
第2主枝以外の副梢は
2～3節で摘心
主枝の誘引は脇芽（副梢）
が左右になるように行なう
7月下旬
ピンチ
結束は細引，紙ヒ
モなどで空間をあ
けて誘引
第1支線の
先でピンチ
10番杭通し線
誘引線10番
棚面は
身長＋10cm
ベト病，トラカミキリムシなどの防除に努める
〔2年目〕
12月下旬せん定
8月下旬
ピンチ位置
7月下旬
ピンチ位置
7月下旬ピンチ前後の
位置で充実のよい部分
で切返しせん定
（弱めのせん定がよい）
副梢は発生基部で除去
せん定後，メリット2倍液の処理
芽かきは10～20cmで
行なう。
発生位置（横向き）
着房状況
不定芽などをみて
整理する
伸長旺盛のもの
は結実を確認し
てから第2支線
の先で一律摘心
本葉10～12枚
結果枝
20cm前後
直角に誘引

枝の仕立て方と管理のポイント（マスカットベリーA）

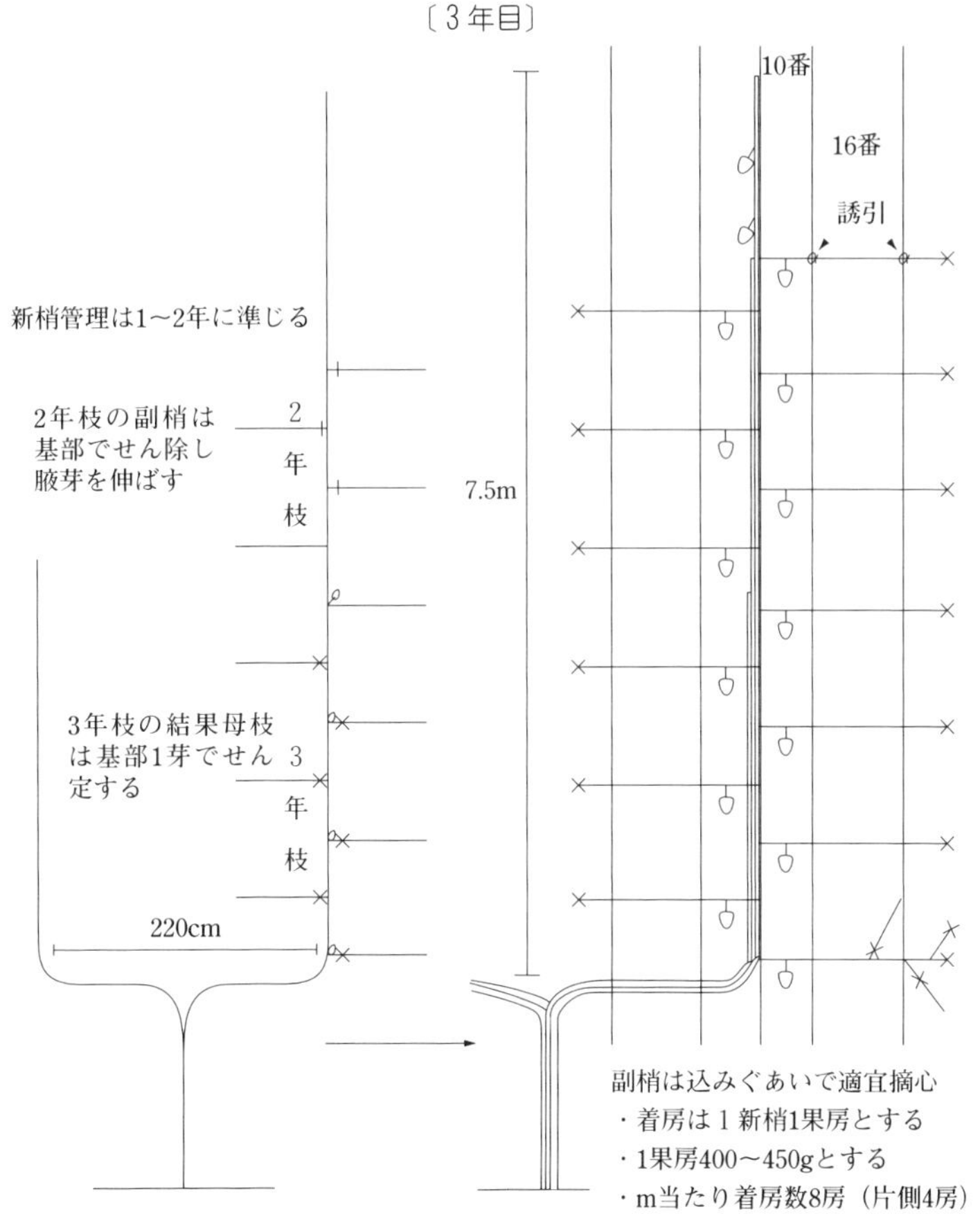
〔3年目〕
10番
16番
誘引
新梢管理は1～2年に準じる
2年枝の副梢は
基部でせん除し
腋芽を伸ばす
2
年
枝
7.5m
3年枝の結果母枝
は基部1芽でせん
定する
3
年
枝
220cm
副梢は込みぐあいで適宜摘心
・着房は1新梢1果房とする
・1果房400～450gとする
・m当たり着房数8房（片側4房）
・10a当たり1,800～2,000kg

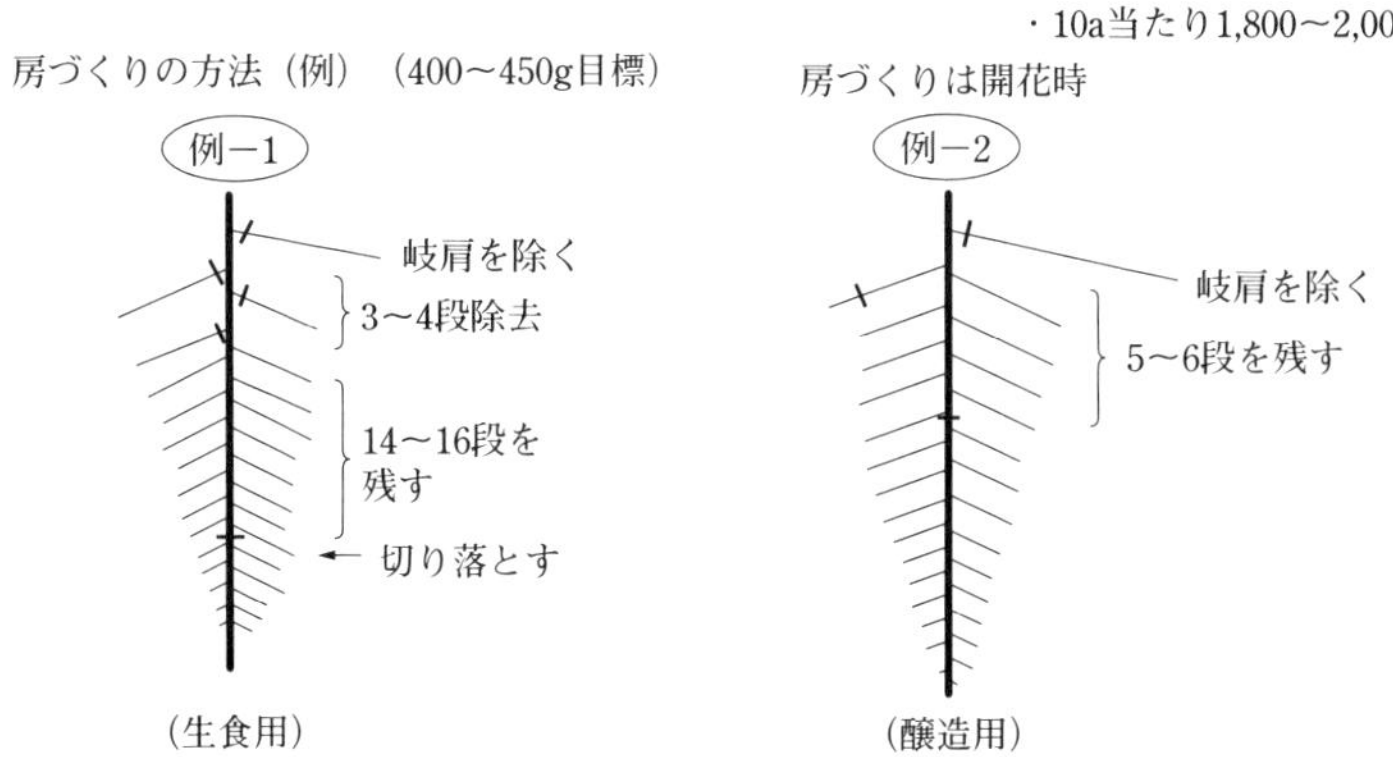
房づくりの方法（例）（400～450g目標）
房づくりは開花時
例－1
岐肩を除く
3～4段除去
14～16段を
残す
切り落とす
（生食用）
例－2
岐肩を除く
5～6段を残す
（醸造用）

付録Ⅳ　傾斜地園にすすめたいオールバック2本主枝整

〈花房（花穂）〉

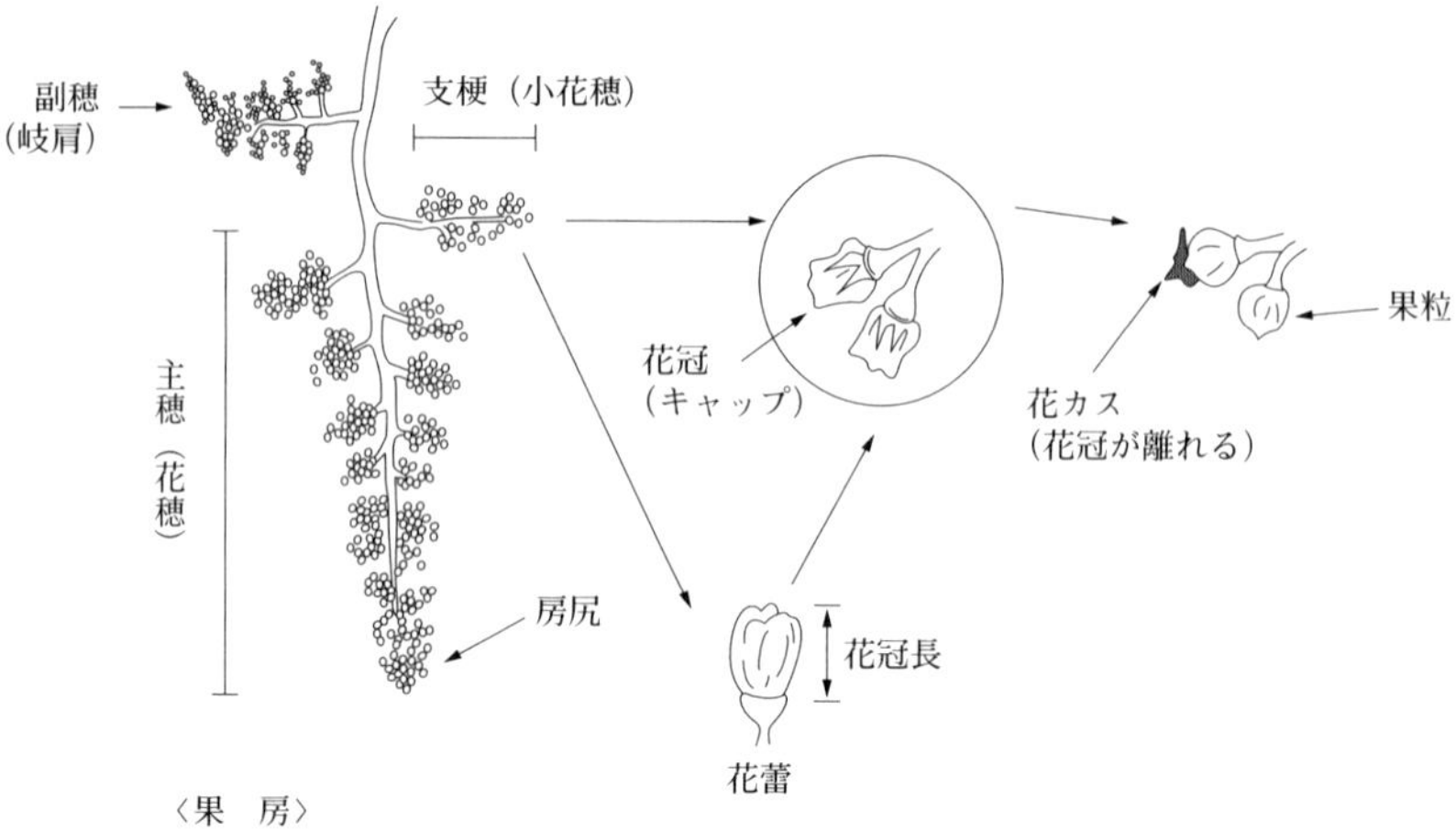

〈果　房〉

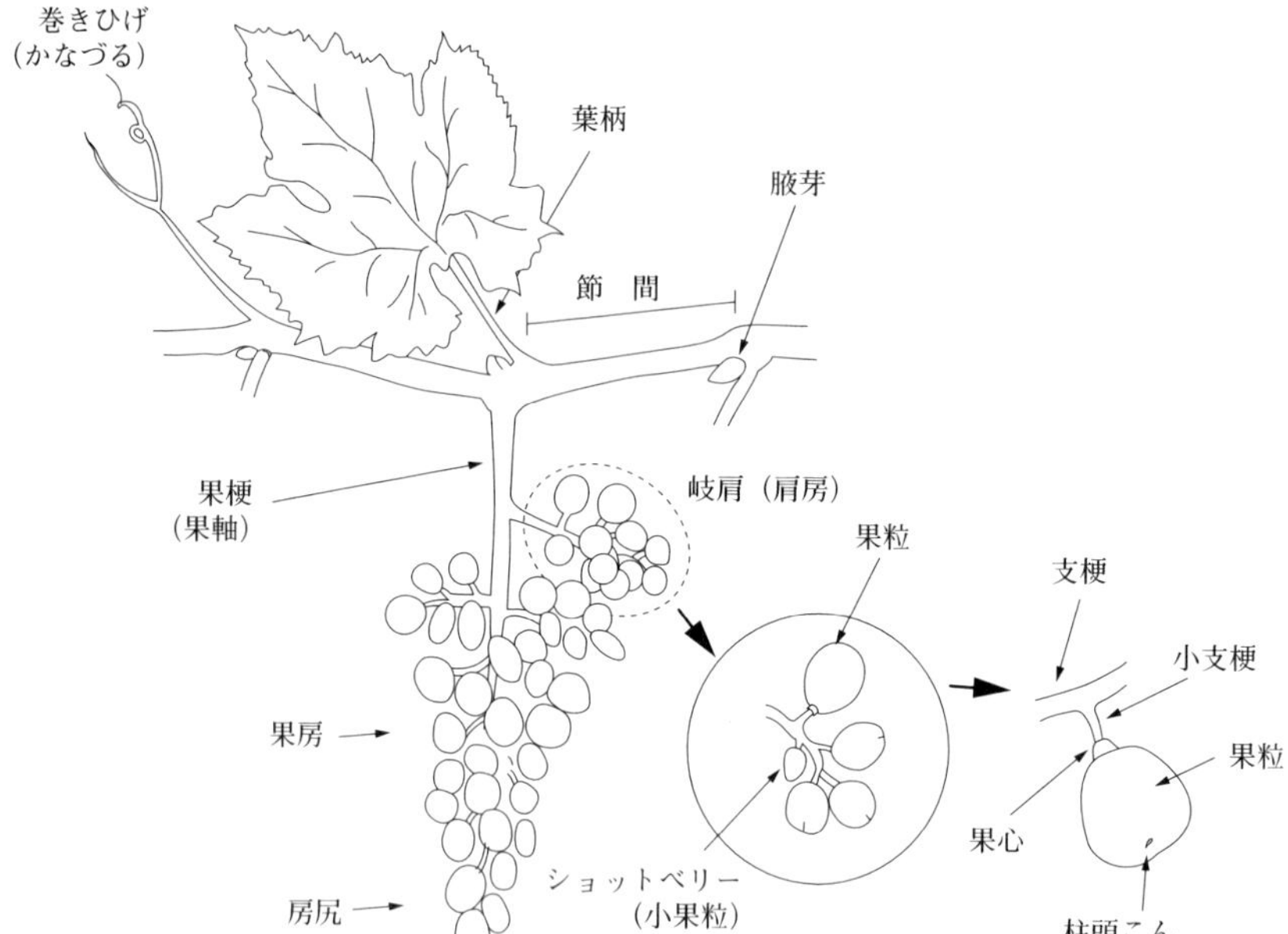

付録Ｖ　花房・果房の各部位の名称

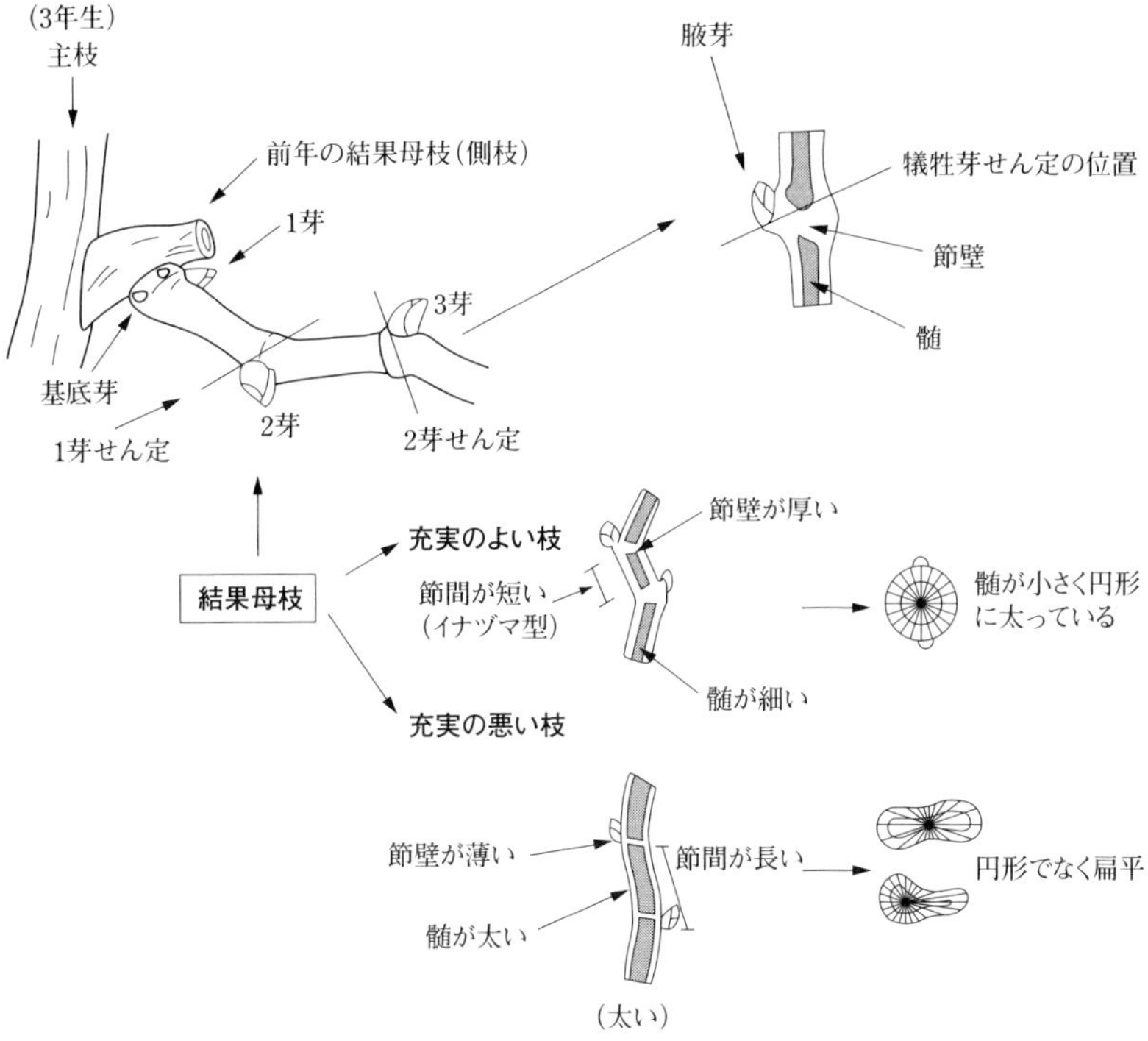

付録Ⅵ　枝の名称と結果枝の良否

付録Ⅶ　ブドウのジベレリン（GA）処理方法一覧表

（1）欧米雑種

（東山梨農業改良普及センター）

品種（GA登録の有無）	来歴・育種（母系×父系）	使用時期	使用方法	房づくりなど	特記事項
デラウェア（あり）	アメリカで発見 1882年日本へ導入	①満開14日前 ②満開10日前	①GA100ppm（浸漬） ②GA100ppm（浸・散）	副穂除去，第1花穂除去	散布は70～100ppmで80～100l/10a ①フルメット2ppm・ストマイ1,000倍
キングデラ	レッドパール×マスカットオブアレキサンドリア	①満開 ②満開10～14日後	①GA50ppm（浸漬） ②GA50ppm（浸漬）	副穂除去，房長10～11cm（24～25段）	GA焼けしやすいため，葉液花カスの除去
巨峰（あり）	石原早生×センテニアル	①房づくりした花穂が咲ききったとき ②①処理後10～15日後	①GA25ppm（浸漬） ②GA25ppm（浸漬）	開花始め房長3.5～4cm 房尻はつまない	無核促進開花前ストマイ1,000倍散布，花穂浸漬 ①花振るい防止フルメット5ppm以下 ②果粒肥大促進フルメット5ppm以下
巨峰（有核果粒肥大）		①満開0～15日後	①GA8.6ppm（浸漬）フルメット1ppm加用	有核栽培の房づくり	日持ち性，果粒肥大効果 GAは1錠/3l
安芸クイーン	巨峰の実生	①房づくりした花穂が咲ききったとき ②①処理後10～15日後	①GA25ppm（浸漬） ②GA25ppm（浸漬）	開花始め房長3.5～4cm 房尻はつまない	無核促進開花前ストマイ1,000倍散布，花穂浸漬 ①花振るい防止フルメット5ppm以下
高尾（果粒肥大）（あり）	巨峰の実生	①満開～満開7日後	①GA50～100ppm（浸漬）		
サマーブラック（あり）	巨峰×トムソンシードレス	①満開 ②満開10日後	①GA50ppm（浸漬） ②GA50ppm（浸漬）	房長7cm房尻を1cmつむ	
ピオーネ（あり）（※ハウス）	巨峰×カノンホールマスカット	①房づくりした花穂が咲ききったとき ②①処理後10～15日後	①GA12.5ppm（浸漬） ②GA25ppm（浸漬） ※ハウスは①GA25ppm（浸漬）	開花始め房長3～3.5cm 房尻はつまない	無核促進開花前ストマイ1,000倍散布，花穂浸漬 ①花振るい防止フルメット5ppm以下 ※ハウスは②果粒肥大促進フルメット5ppm以下（高標高地のみ）
ピオーネ 巨峰（無核対策）		①満開15～20日後（結実確認直後）	①GA25ppm（浸漬）	処理時に10～11cmにしGA処理により15cm前後	処理は有核15粒/房以下 処理が遅れるときは展着剤加用（サビ果に注意）

品種（GA登録の有無）	来歴・育種（母系×父系）	使用時期	使用方法	房づくりなど	特記事項
藤稔	井川682×ピオーネ	①房づくりした花穂が咲ききったとき ②①処理後10～15日後	①GA12.5ppm（浸漬） ②GA25ppm（浸漬）	開花始め房長3～3.5cm 房尻はつまない	無核促進開花前ストマイ1,000倍散布，花穂浸漬 ①GA処理は25ppmでもよい
紅伊豆	紅富士の変芽	①房づくりした花穂が咲ききったとき ②①処理後10～15日後	①GA25ppm（浸漬） ②GA25ppm（浸漬）	開花始め房長3.5～4cm 房尻はつまない	無核促進開花前ストマイ1,000倍散布，花穂浸漬 1花振るい防止フルメット5ppm以下
ベーリーA（あり）	ベーリー×マスカットハンブルグ	①満開10～15日前（花穂の上部1/2がばらついたとき） ②満開10～14日後	①GA100ppm（浸漬）ストマイ1,000倍加用 ②GA100ppm（浸漬）フルメット5ppm加用	房長7cm房尻を1cmつむ	①適期は露地デラ満開時で展葉9～11枚 60～70粒/房（6～7g/粒）
ベーリーA（果粒肥大）		①満開10～15日前	①GA100ppm（浸漬）		
キャンベルアーリー（あり）（花穂伸長）	キャンベルの枝変わり	①満開20～30日前（展葉3～5枚）	①3～5ppm（浸漬，散布）		
ヒムロッド（あり）（果粒肥大）	オンタリオ×トムソンシードレス	①着粒後（小豆大）	①GA100ppm（浸漬）		
甲斐ミレー（あり）	レッドクイーン×甲州三尺	①満開 ②満開10日後	①GA12.5ppm（浸漬） ②GA25ppm（浸漬）	房長8cm房尻を1cmつむ	
原田氏育成	ルーベルマスカット×ピアレス	①テラより早い時期 ②満開7～10日後	①GA100ppm（浸漬） ②GA100ppm（浸・散）	副穂除去，第1花穂除去 房長8～9cm	花カスの除去を徹底 ①花振るい防止フルメット3ppm

（2）欧州種

品種	来歴・育種（母系×父系）	使用時期	使用方法	房づくりなど	特記事項
ルビーオクヤマ（日持肥大）	イタリア種の芽条変異赤色種	①満開10～15日後（効果がダイズ大）	①GA6.25～12.5ppm（浸漬）		遅い処理や高濃度処理は着色不良 フルメット加用は渋み発生傾向
ロザキ	アラビア原産（アメリカよりフリー系）	①満開 ②満開10日後	①GA25ppm（浸漬） ②GA25ppm（浸漬） フルメット5ppm加用	10段階として房尻をつむ	摘粒時に軸長12～13cm 50～60粒/房 （9～10g/粒）
ロザリオ・ビアンコ ※日持・肥大	ロザキ×アレキ	①満開 ②満開10日後 ①満開10～15日後（効果がダイズ大）	①GA25ppm（浸漬） ストマイ1,000倍加用 ②GA25ppm（浸漬） フルメット3～5ppm加用 ①GA6.25～25ppm（浸漬）	房長6cm房尻をつむ	摘粒時に軸長8～10cm 50～60粒/房 （10g/粒） 高濃度は果粒肥大過多になり食味低下傾向
ピッテロビアンコ	イタリア（または北アフリカ）原種	①満開 ②満開10日後	①GA12.5ppm（浸漬） ②GA25ppm（浸漬） フルメット5ppm加用	果房6cm房尻をつむ	開花前にストマイ1,000倍散布
バラディー	中近東レバノン原産	①満開 ②満開10日後	①GA12.5～25ppm（浸漬） フルメット1ppm加用 ②GA25ppm（浸漬） フルメット5ppm加用	果房6cm房尻をつむ	開花前にストマイ1,000倍散布
ルーベルマスカット	甲斐路×紅アレキ	①開花直前（花冠の割れ目より子房が見える）～開花始め	①GA100ppm（浸漬）	開花前に8～10cm 房尻をつむ	
カッタクルガン	旧ソ連邦中央アジアの品種	①満開 ②満開10～14日後	①GA12.5ppm（浸漬） ②GA25ppm（浸漬） フルメット5ppm加用	房長3～4cm房尻つまない	房長3～4cmで房重500～700g（20g/粒）

品種（GA登録の有無）	来歴・育種（母系×父系）	使用時期	使用方法	房づくりなど	特記事項
ヒロハンブルグ（○）（顆粒肥大）		①満開10～15日後	①GA50～100ppm（浸漬，散布）		散布処理は70～80l/10a
瀬戸ジャイアンツ	グザルカラー×ネオマスカット	①開花直後～3日後 ②開花10日後	①GA15～25ppm ②GA15ppm フルメット3ppm加用		
アリサ	ルーベルマスカット×リザマート	①満開 ②満開10日後	①GA50ppm（加用） ②GA50ppm（浸・散）	副穂除去，第1花穂除去	

著者略歴

小川 孝郎（おがわ たかお）

1942年，山梨県生まれ。

1963年，山梨県立農業講習所卒，同年山梨県庁農業技術総室職員となり，以降35年間，農政と普及現場を通じて営農指導に従事。

2000年，山梨県東山梨農業改良普及センター改良普及幹を最後に希望退職し，農業に従事している。

現在，ブドウを主体にした果樹専業農家として低農薬栽培を実践し，有機栽培化への体系的技術の確立に取り組んでいる。

＜現住所＞〒404－0041 山梨県塩山市千野3381

FAX 0553－33－2581 E-mail takaro@poem.ocn.ne.jp

草生栽培で生かす

ブドウの早仕立て新短梢栽培

2001年３月25日 第１刷発行
2023年５月20日 第22刷発行

著者 小 川 孝 郎

発 行 所 一般社団法人 農 山 漁 村 文 化 協 会
郵便番号 335-0022 埼玉県戸田市上戸田2-2-2
電話 048(233)9351(営業) 048(233)9355(編集)
FAX 048(299)2812 振替 00120-3-144478
URL https://www.ruralnet.or.jp/

ISBN978-4-540-00282-3 DTP製作／(株)農文協プロダクション
印刷・製本／凸版印刷(株)